JN201573

名古屋大学　人類文化遺産
テクスト学研究センター　監修／伊藤　聡　編

〈真福寺善本叢刊　第三期（神道篇）2〉

麗気記

臨川書店刊

本巻執筆
伊藤　聡
鈴木英之

第二巻　麗気記　目次

凡例

影印について

一、本巻所収の各書目の縮小率は、以下の通りである。
麗気記〔正本〕・神体図――48％　麗気記〔副本〕――万鏡霊瑞記75％、その他51％　釼図――50％
宝釼図注――55％　法釼図聞書――45％　麗気血脈――40％

一、白丁の部分も含め、原則として全ての紙面を収録した。但し、包紙などの付属品は省略した。

翻刻について

一、翻刻の担当者は以下の通りである。
宝釼図注・法釼図聞書――鈴木英之　麗気制作抄――伊藤　聡

一、行移りは原則として原本に従ったが、版面の都合でそのままに収まらない場合には＝の記号を用い、次行に続けて記した。

一、紙継ぎは」1紙、丁移りは」1オのように示した。

一、原則として、通用の漢字に改めたが、一部の文字は旧字のままとした。

一、虫損・破損および難読の箇所は、その字数分を空格で示した。

一、本文に付された転倒符・補入記号・見せ消ち等によって訂正されるべき箇所は、原則として訂正後の本文を記した。ただし、墨滅は■で示した。

一、朱筆は『』に括って区別した。

一、本文に示しきれない翻刻上の処理や底本の状態は、当該箇所に「*1」の如く番号を付し、末尾に翻字注として掲げた。

一、読みやすさのために、翻刻者の判断で句読点を付した。原本に付された区切り点には必ずしも従わなかった。

麗気記〔正本〕

影印

二所大神宮麗気記　64㈹合1号

二所大神宮麗氣記　一

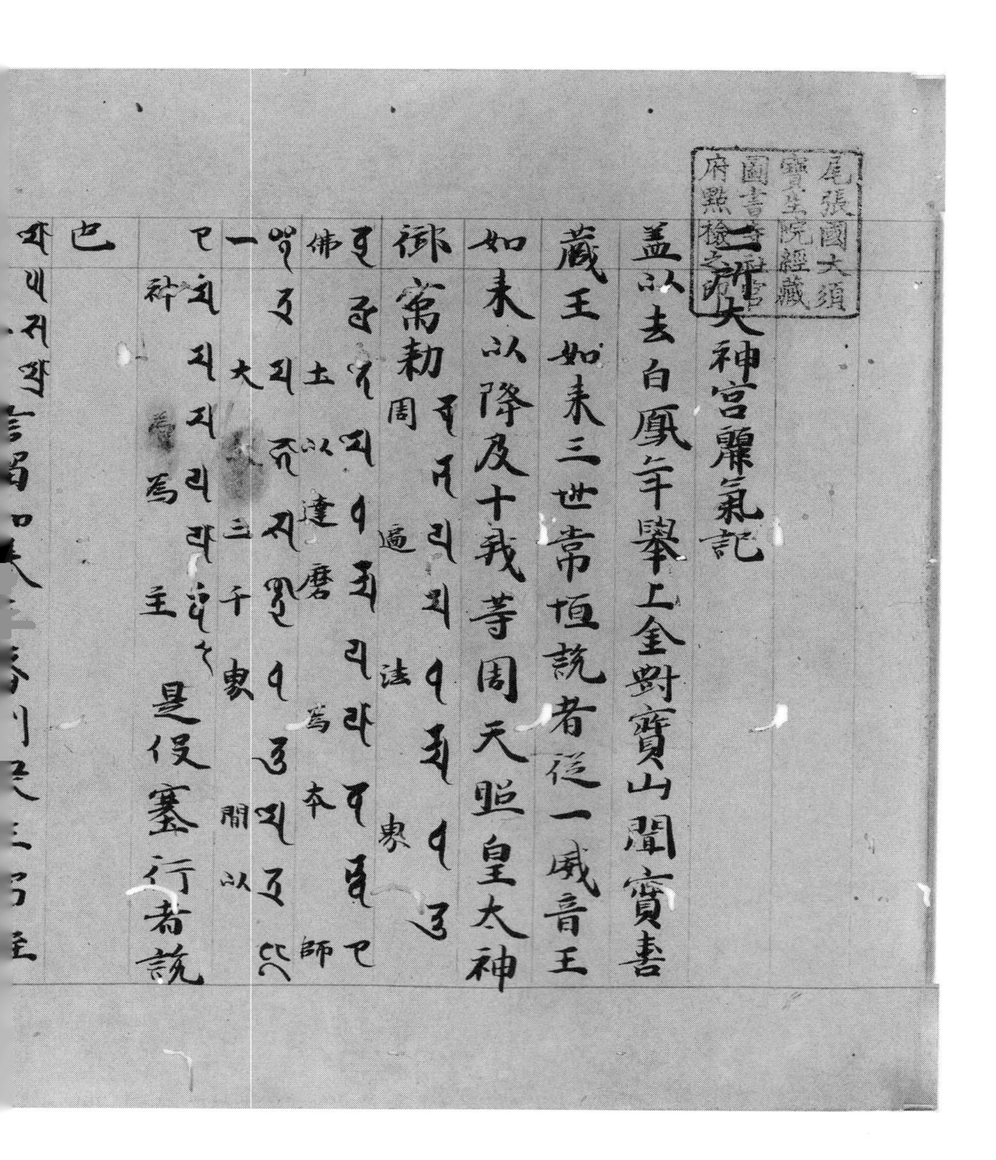

空海

言留如来三密利衆生留経

巻如来語密餘舎利如来身密現

神明如来意密也所以者何雖隠

佛日西天弘達磨東土諸佛得機顕

三身神明於仁覌利生故普門法界

昔空劫先興空劫所化間以無相為神

躰九山八海中以日月為指南佛法人

法主者以虚無神為尊皇是名大元尊

神葦原中國心王如来也阿字原者阿字

一點也阿字五點阿仔字𩐬唵一也其

形如杵佛法中金對杵獨股金對也大日

本國者以名也獨股杵者大日如来三昧耶

本國者此名也獨股杵者大日如来三昧耶
身也持之名阿闍梨〻〻者大日別名
心字也亦両宮心柱也此國降臨時先立
廣嶋香取二神此國中興金對寶山
金對寶柱發阿耨多羅三藐三菩提心
金對不壊自在王〻摩耶形是也金對
寶〻柱長一丈六尺徑八寸廻二尺四寸
是過去十六丈佛長表也内宮柱者以
垂仁天皇長揖八尺約佛尺成五尺五
寸用檜榣正殿大床下興之當朝主為
古先土壹形國璽奇瑞天御量柱中水
惠國為心柱所奉崇直也中〻惠國者

穂国為心柱所奉崇重也中水穂国者
大日世界宮殿守大悲智也如鶏子者
是水珠也是如意寶珠也是佛果万徳至
極也真如絶色待色乃悟佛身自本無躰
以躰現之事々理々始也是神明具徳真
理明珠霊鏡正躰也又対言一百余歳金
對余教者不越神明神通文又元云釋
云此観究竟名妙覚猶居寂光妙土非無
明所感土万法悉不出法性故三土即寂
光也釋云豈離伽耶別求常寂非寂光
外別有娑婆文故和光同塵居穢土利衆
生内證全不動寂光之本土文佛土離三界

主内證金不動寂光之本土文佛土離三界
同法界湛然平等三世常住神應化世
界交塵所寂然一躰常住三世兩宮亦
如此兩宮形文者大梵天其形日神月神
本妙藏摩尼珠也從本垂跡故一切衆主
父母神無来無去形躰也藏王菩薩言
天照大神最尊神無比于天下諸社
諸社大日靈尊照天下無晝夜通内
外無息大日靈貴諸物不起佛見法見
竪至最頂横遍十方百億無數梵摩尼
珠百億無數天帝釋百億無數諸天子
百千億羅莖金剛藏百千方臺金剛率

百千陀羅尼金對藏百千菩薩金身躰
百千万數諸佛身塵數世界大導師
百大僧祇金對壽無量邊大身量沙妙
法身薄伽梵上〻下〻混七文去〻
来〻禅那定一〻如〻同一躰在〻處
〻本垂跡平等〻〻不二神不二而二〻〻
不二尊平有同一所法性常寂光遍去
前方便現外現在位不思議不可思儀
一向背無言一主得自在口外即天罸
両宮尊知事
行者去再拝〻〻寶書跡文仁云大神也
上天成光謂大照大神也

上天戌光謂大照大神也
五十鈴天皇國吏苐十一帝二十二
大泊瀬稚武天皇廿一年丁巳十月朔
倭姫命教覚天明年戊午秋七月七日以人
大佐々命奉布理留　三十二神共奉神
等従神之君雷神天之八重雲四方仁
薄靡天為垣作蓋従彼吉佐宮遷幸
倭國宇大乃宮一宿侍賀六穗宮二
宿遷幸渡相沼本平尾興亍行宮天
七十四日同九月十七日遷幸山田原之
新殿奉鎮坐之以降豊受皇大神奉
祭治　降化本縁　[illegible]泊瀬朝倉宮天皇之

条始伴化本作始有別記之如上泊瀬朝倉宮取長
以上造之豊受大神宮玉殿ミ床下興
之為心柱三十二供奉神及相殿四座
正殿内中眞光玉三十七尊五大輪中
開自性輪壇八秘曼荼羅位秘三密
無相義読自然自覺法内外両宮太
神等在一所無二無別分外相於二宮顕
定恵相應深意實仁波不生一義也
五十鈴河者五輪字五大月輪々為五
智水灑五穀春五智塔婆限未来際
無盡奉仕此二神始神主天益人等
各尊緩急存内人者蔵觀想而訪之適

各尊緩急存内人者蔵観想両部遍
照如来本有作欣文殊之平等法界
躰實相真如躰正躰十智圓満之鏡
也為驗長行者上々者耶々也

二所太神宮麗氣記

二所大神宮麗氣記

神天上地下次第　64㈹合2号

降臨次第麗氣記　二

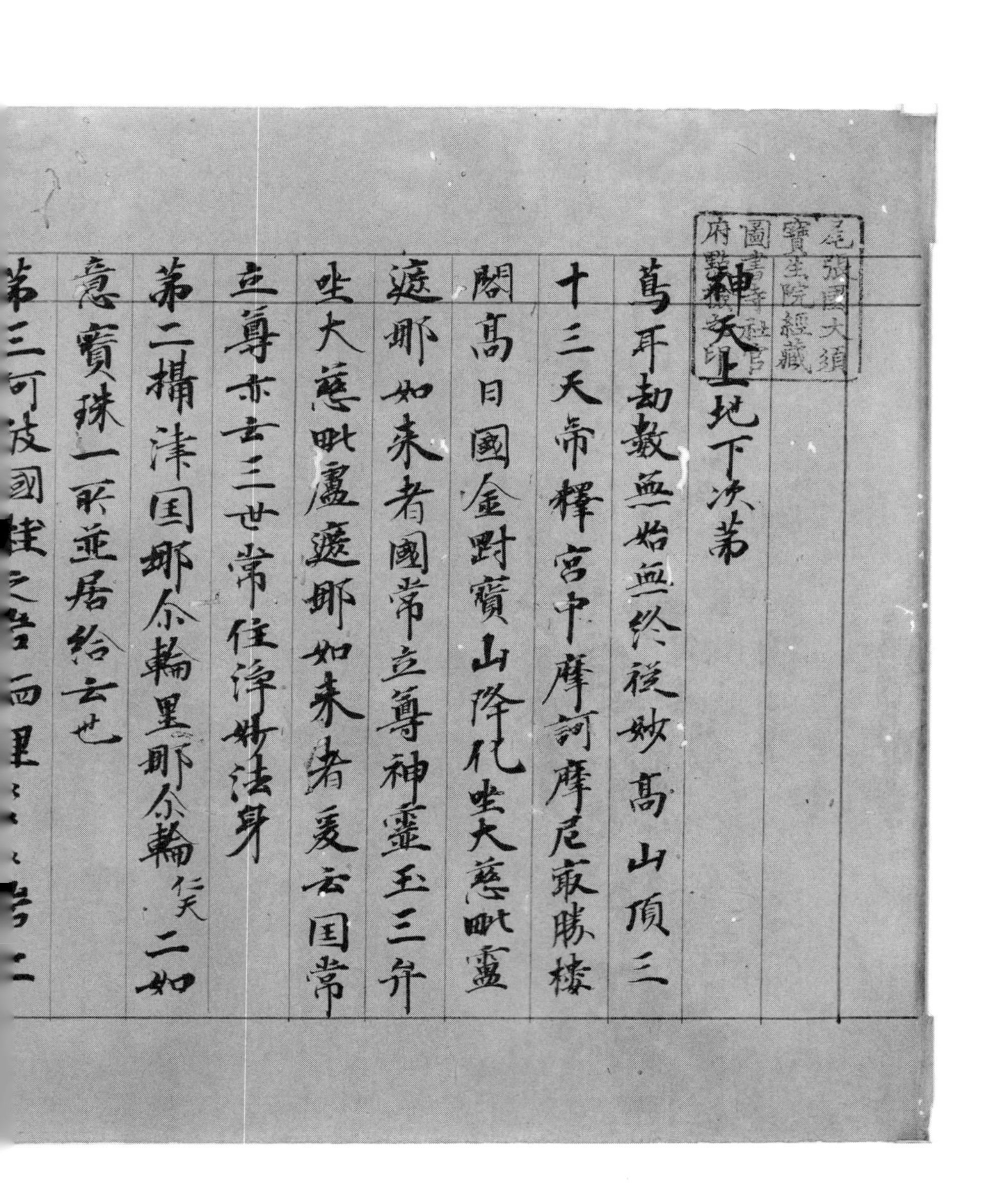

神天上地下次第

蒿耳劫數無始無終従妙高山頂三
十三天帝釋宮中摩訶摩尼㝡勝樓
閣高日國金對寶山降化坐大慈毗盧
遮那如来者國常立尊神靈王三弁
坐大慈毗盧遮那如来者変云国常
立尊亦云三世常住浄妙法身
第二構津国那尓輪里那尓輪仁矢二如
意寶珠一所並居給云也
第三可波國桂之告西里之之告土

第三阿波國柱之岩栖里々々岩上
知鶏子三弁坐云世
第四筑紫日向國高千穂槵觸之峯坐
一書云日向者日輪光明爽赫自余所爽
坐云世高千穂者云彬高山異名也爰云
名良被天阿留也槵觸者依玉光明爽天
草木背千火槵亭木患云世觸光萬蜀
云世此送星霜世代久々也
國常立尊
國狭槌尊
豊斟渟尊
此三柱尊其形質珠坐直之千今神

此三柱尊其形寶珠坐直之于今神

璽作鏡之者天儀亘儀光儀無相無

為躰也

埿土煮尊　本躰如常　俗躰男形如男

沙土煮尊　女

大苫邊尊　男

大戸之道尊　女

面足尊　男

大冨道尊　女

惶根尊　女

此七柱尊雖天男女無婚合儀只躰

能生也

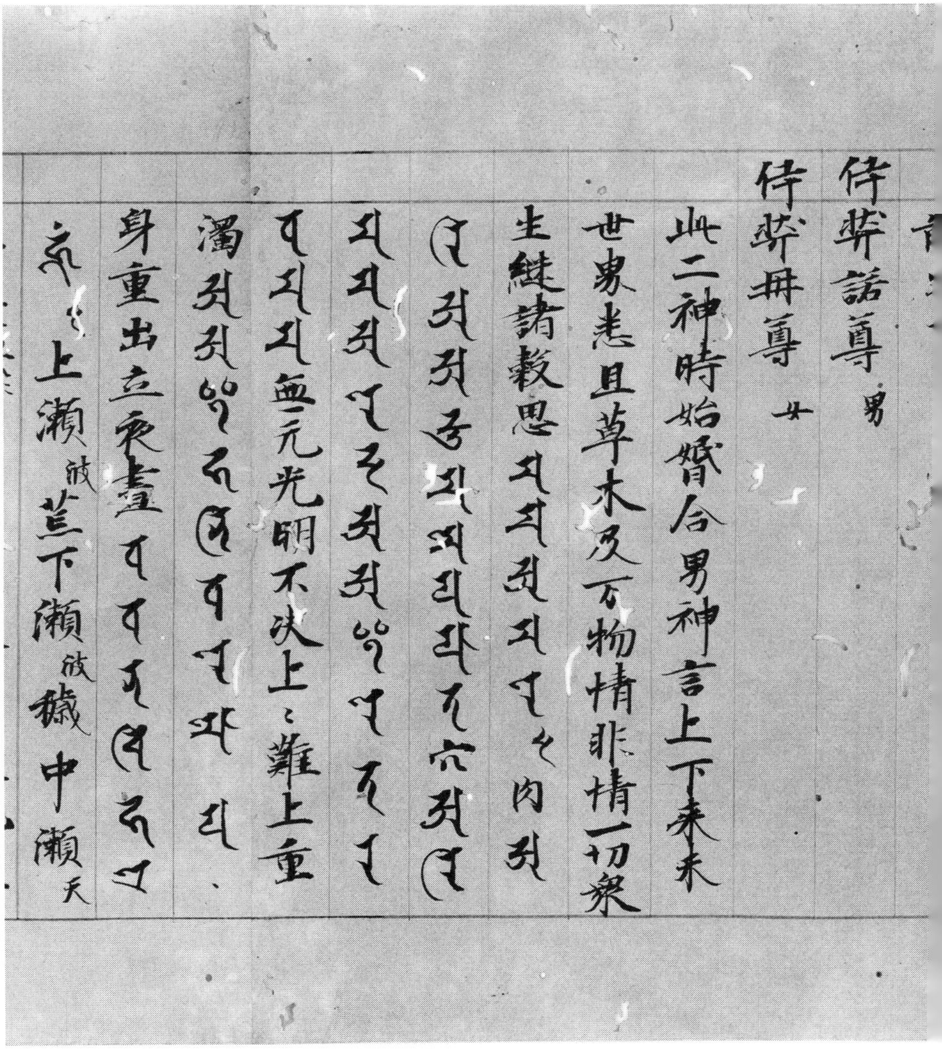

伊弉諾尊 男

伊弉冊尊 女

此二神時始婚合男神言上下来来

世界悉且草木及万物情非情一切衆

生継諸数思 [illegible] 肉 [illegible]

[illegible] 穴 [illegible]

[illegible]

[illegible] 無元光明不决上々雖上重

濁 [illegible]

身重出立衣尽 [illegible]

[illegible] 上瀬 波 荳下瀬 波 穢 中瀬 天

氣ゝ上瀬荒下瀬穢中瀬テ

上荁墟於去中墟三度次七度洗濯

如本座坐上ゝ同下ゝ同者良波為

一切衆生祀禍時三七清浄如本云ゝ也

二柱神祀禍多故女神下ゝ下男神

上ゝ上三十三天中入下四天之敢下

天上之代亘上下天然不動無為無号

姿也

天照皇大神 女

正哉吾勝ゝ速天忍穂耳 男

此二神一向主地處無二無別也

天津彦ゝ火瓊ゝ杵尊 男

治天下四十一万八千五百四十三歳 陵在日向國愛山也

彦火々出見尊 男

治天下六十三万七千八百九十二歳 陵在日向國高屋山

彦波瀲武鸕鷀草葺不合尊 男

治天下八十三万六千四十二年 陵在日向吾平山

此三柱尊共天八重雲皆吉里中坐也

天神地神以上十七尊達者十六大菩

薩國常立尊後代身余給也但如是

神等者男女難定依時應物在々家々

成男成女[illegible]

成男成女利益不可思議一心無念無
相無作而平等〻〻也

神日本磐余彦天皇　大倭国橿原宮　号神武人皇始
元年甲寅歳冬十月發向日本國也　東征是也　紀
即位八年建都橿原経営帝宅天四方
國乎安國止平久知食須天津璽乃
釼鏡乎捧持賜天称辞竟治天下七
十六年
神渟名川耳天皇　葛城高丘宮　陵大和国桃花鳥田丘
治天下三十三年

治天下三十三年

磯城津彦玉手看天皇　片塩浮穴宮
陵在大和国畝火西山

治天下三十七年

大日本彦耜友天皇　御陰井田峡宮
陵在同国畝火南山

治天下三十四年

觀松彦香殖稲天皇　腋上池心宮
陵腋上博多山

治天下八十三年

日本足彦國押人天皇　室秋津嶋宮
陵在大和玉手丘上

治天下百二年

大日本根子彦太瓊天皇　黒田廬戸宮
陵片丘馬坂

治天下七十六年

大日本根子彦國牽天皇　軽境原宮
陵在大和剣池嶋上

大日本根子彦國牽天皇　軽境原宮　陵在大和剣池嶋上
治天下五十七年
稚日本根子彦太日々天皇　春日率川宮　陵在率川坂上大和
治天下六十年
以往九帝者帝與神同殿共床故神物
官物未分別然靈應冥感稍滂流仍奉
崇敬三種神光神璽者本有常
住佛種也大空三昧表文法界躰身
量也
三界上立釼者三世諸佛智躰降魔
成道利釼也法中謂三弁寶珠也

寶山記云
寶珠者神靈異名寶錫字也以象
兩部也亦文字起一之字也是有十種
形品如本圖

蜜語云
獨
獨股金剛世界建立心王大日尊也
兩宮心御柱是也勇猛忿怒執金剛
神所持三昧耶形也
金剛杵者天瓊杵表部也亘天地無
上下自空降雨自地輸水是天御中主
尊所爲也亦兩宮降化通名也
三界半月浮經者葦葉形表也法中

三界半月浮経者葦葉形表世法中
云阿字〻〻本有躰 故 月也月形 故 三
日月也三日月與円満月水本性〻〻
水躰者月心水也心水者文字〻〻
月円満月合宿際也
寶山記云
月與水本性心水也 文
御間城入彦五十瓊殖天皇 大倭国磯城瑞籬宮
即位六年己丑秋九月倭国笠縫邑立磯
城神籬奉遷天照大神及草薙剣令
皇女豊鍬入姫奉齋以往雖同殿共
床漸畏神霊共住不安 志天 別興神

籬天後石凝姥神裒天目一箇裒二
氏更鑄造鏡釼以護身璽焉践祚日所獻之神璽
鏡釼也
三十九年壬戌三月三日遷幸但波乃
吉佐宮雲聳現楨下坐秋八月十八
日作瑞籬積四年奉齋矣
四十三年丙寅九月九日遷倭國伊豆加
志本宮現釼坐八年奉齋
五十一年甲戌四月八日遷木乃國奈久
佐濱宮河底岩上余瑙琦鉾坐三
年奉齋

五十四年丁丑十一月十一日遷吉備國名
方濱宮神崎岩上殘水御齋坐四年
奉齋
五十八年辛巳五月五日遷倭弥和乃御
室嶺上宮留朳中円輪霊鏡坐
二年奉齋
六十年癸未二月十五日遷于大和宇多
秋志野宮日座上居霊鏡四季奉齋
六十四年丁亥霜月廿八日遷奉伊賀國
隠市守宮雲霞中現霊鏡坐二季奉
齋

六十七年己巳十二月一日遷于同國六
穂宮稲倉上居靈鏡四季奉齋
崇神天皇治天下六十八年（陵在大和国城上郡山邊句）
活目入彦五十狭茅天皇（纏向珠城宮）
即位元年癸巳夏四月四日遷于伊賀國
敢都美恵宮八重雲聳四滿靈鏡坐
二年奉齋
四年乙未夏六月晦遷淡海甲可日雲
宮雲成屛風又其上赤雲帶靈鏡
坐四季奉齋
八年己亥秋七月七日遷于同國坂田宮
千木高廣數枚上現靈鏡坐二季

于木高廣數枚上現靈鏡坐二秊
奉齋
十秊辛廿秋八月一日遷幸于美濃國伊
久良河宮御舩形上楽樓基現神
靈坐四年奉齋
次遷于尾張國中嶋宮聳雲雷錦
蓋現神靈坐而庶守護之庶嶋香取而社也
三箇月奉齋
十四年乙巳秋九月一日遷幸于伊勢國
桑名野代宮掠杜三株中現神靈
坐四年奉齋

次鈴鹿奈其波志忍山尓神宮造奉
天遷神霊給六箇月奉斎
十八年己酉夏四月十六日遷坐于阿佐
加藤方片樋宮葛藤巻纏中弁形
上現神霊坐四年奉斎
二十二年癸亥冬十二月廿八日遷飯野高
宮奉斎編懸障泥形屋四ケ年
廿五年丙辰春三月従飯野高宮遷幸
于伊蘇宮令坐支于時倭姫命南山
末見給止天御宮霧覓尓奉戴天照
大神天字久留士仁志天御船仁奉天過狭
田坂手天寒河尓御船留天過相鹿瀬

田坂手天寒河尓御船留天過相庶瀬

瀧原和比野久園桐月互野積良山

澤路天向田仁天奉丁御船天小濱仁志天御

水御饗奉天二見濱見津仁御船留天

山末河内見廻給天康乃見与利家田々上

宮遷幸文尓時大田命参互五十鈴之

河上宮家仁礼祭信上申勢利即彼家仁往

給天甚書給廿六年丁巳冬十月甲子奉遷

于天照太神於度遇五十鈴河上天御

鎮座

垂仁天皇治天下九十九歳陵在大和國菅原伏見野中

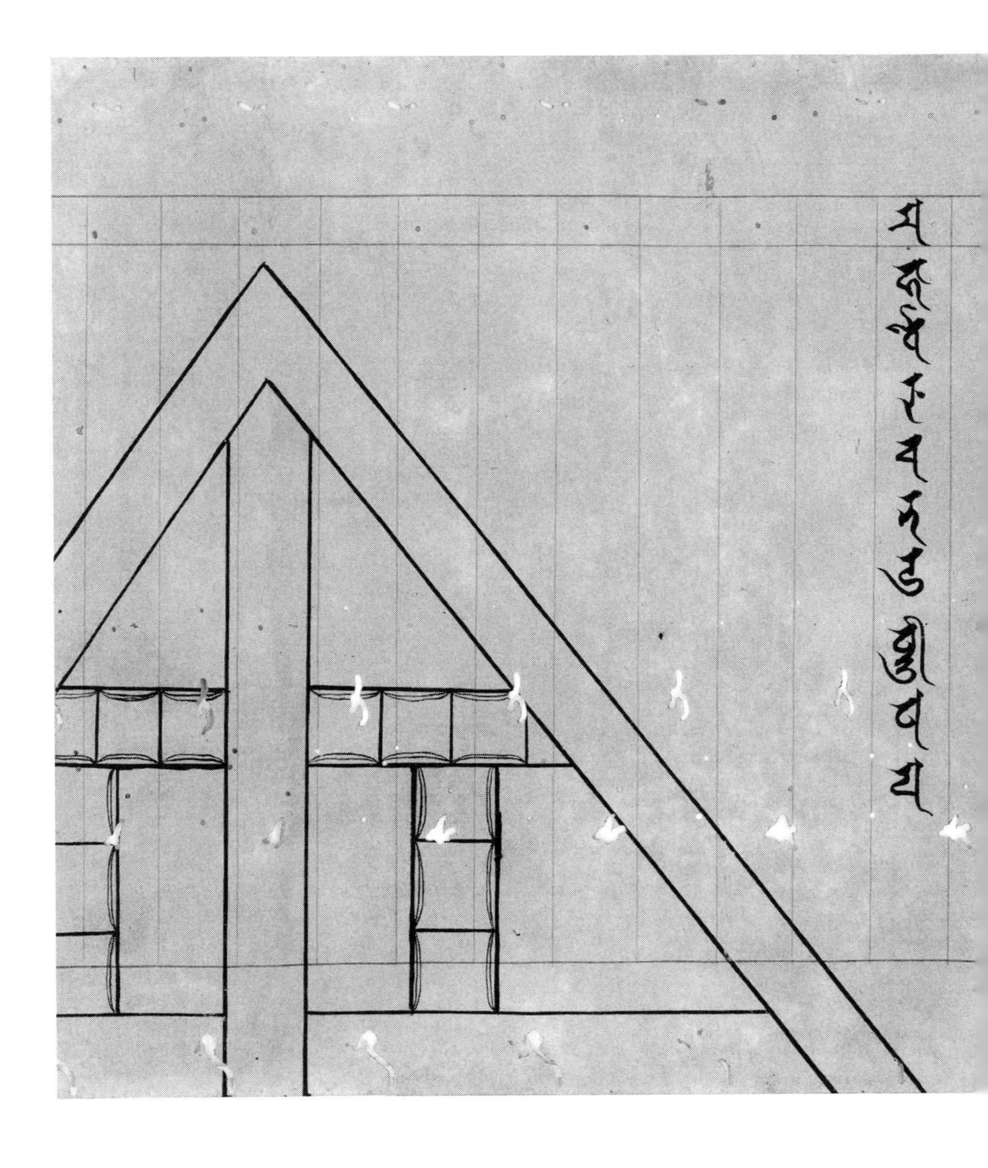

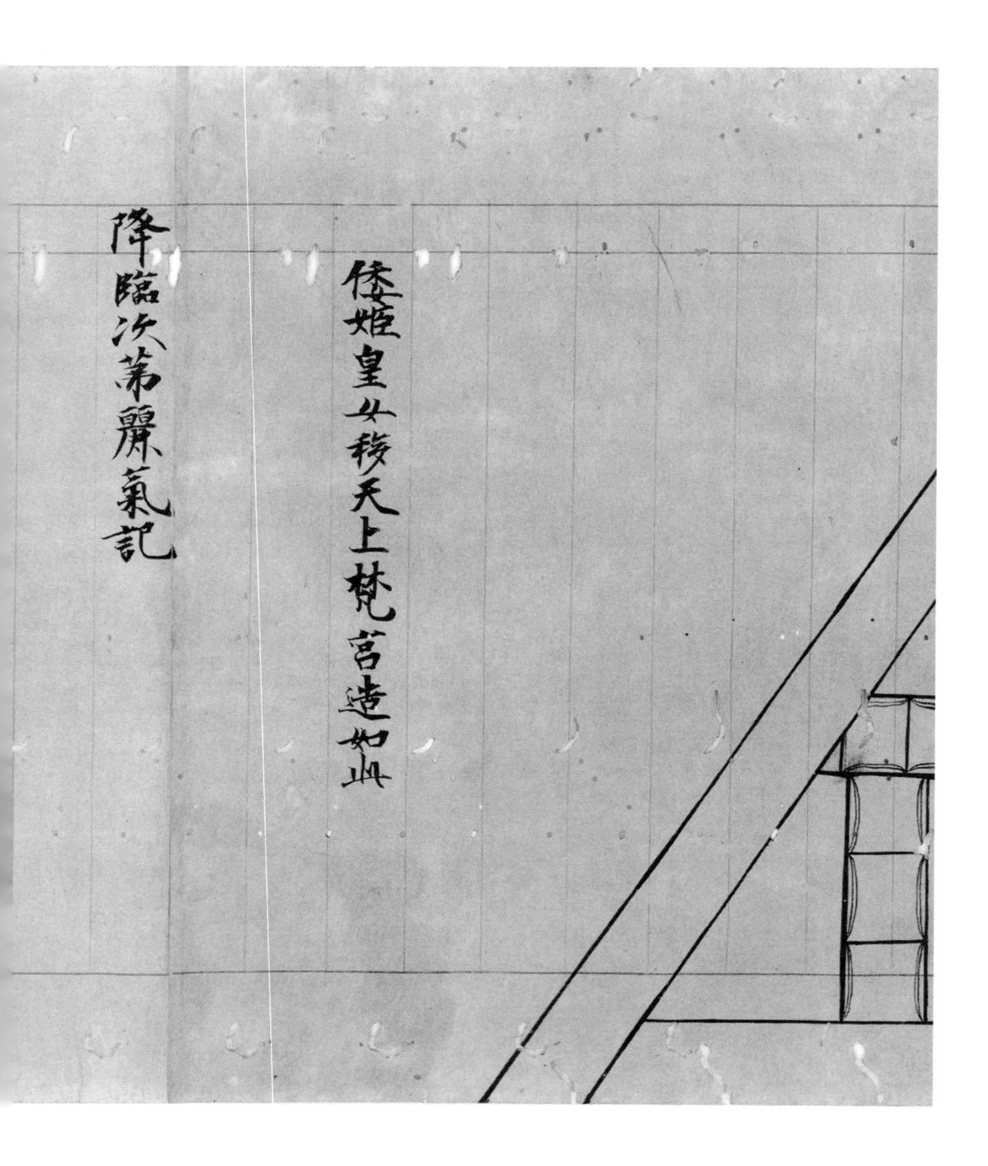
倭姫皇女移天上梵宮造如此

降臨次第麗氣記

降臨次第麗気記　64㈹合3号

降臨次第麗氣記 三

尾張國大須
寶生院經藏
圖書
次第麗氣記

豊受皇大神

于時大日本國天降淡路三上嶽峯

三十二大眷屬從庚申年送春秋古正五十

五万五千五百五十五年

神璽本靈

五智圓形御靈鏡是之如意寶珠

神躰如天帝釋

神号

天御中主之尊

寶号

大慈毗盧遮那如来

大慈毗盧遮那如来

水大風空四智御霊鏡

水　圓形　土宮

火　三角形　角宮

風　半月形　風宮

空　團圓形　多加社

五智圓滿御霊鏡中形其品已上相殿神

鏡也

遷布倉宮自丙申遷年月五十六万

六千六百六十六年

八輪嶋宮遷代申年積年五十七万七千

七百七十七年

八國嶽遷庚申歳五十八万八千八百八十
八年
丹波乃國與謝之郡比治山頂麻井原遷
壬申歳五十九万九千九百九十九年
與佐宮遷庚申六十一万千百十年
活目入彦五十狹茅
大足彦忍代別
足仲彦
氣長足姫尊
大足大應彦
大日足仁

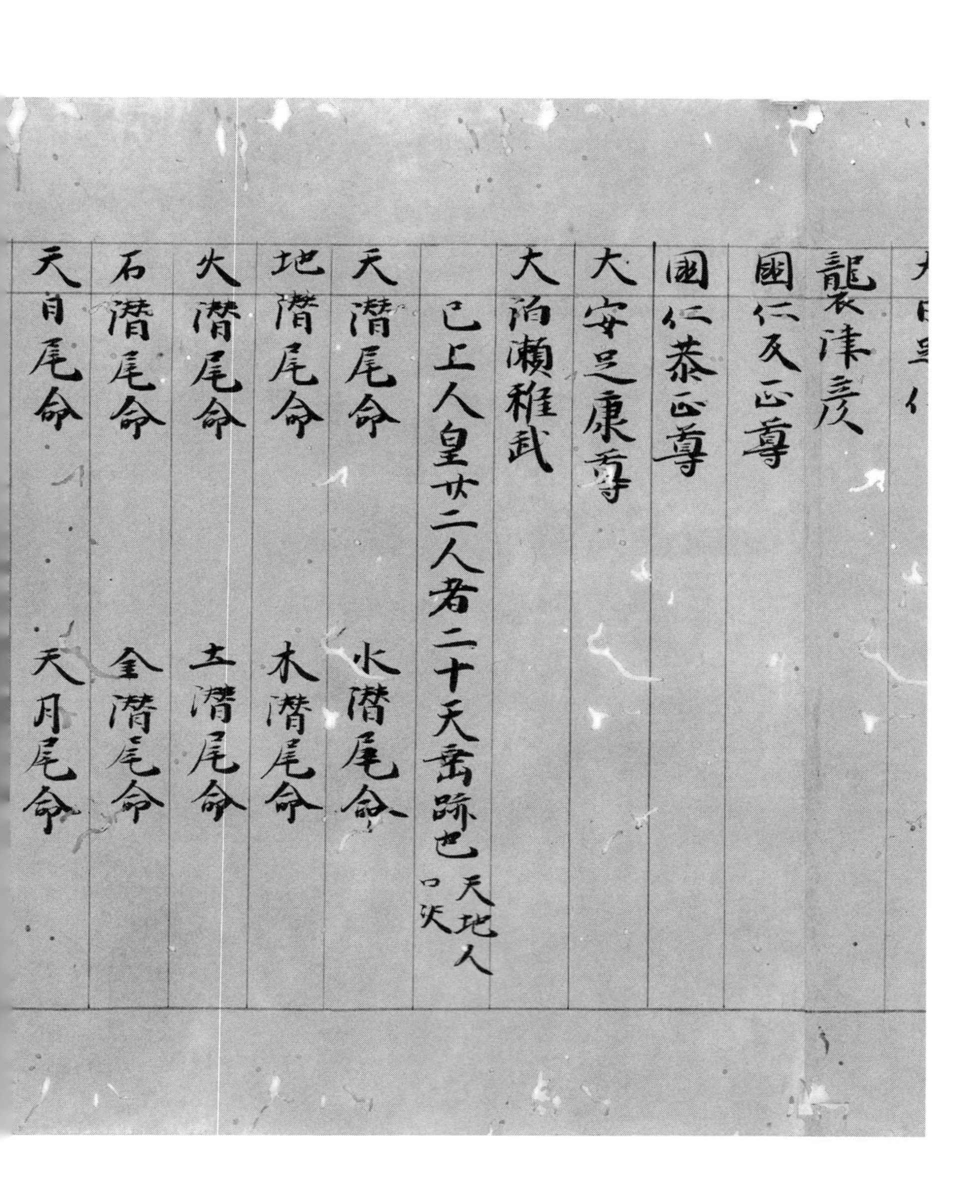
襲津彦
國仁及正尊
國仁恭正尊
大安足康尊
大泊瀬稚武
已上人皇廿二人者二十天壽跡也　天地人口决
天潜尾命　水潜尾命
地潜尾命　木潜尾命
火潜尾命　土潜尾命
石潜尾命　金潜尾命
天自尾命　天月尾命

天子尾命　　地子尾命

天破塔命　　天破法命

天破仁命　　天破神命

國加利命　　國加當命

國加國命　　國加賀命

愛驕尾命　　愛護尾命

觧法尾命　　覺耳尾命

上法神尊　　下法神尊

中吉神尊　　天鏡神尊

地鏡神尊　　百々神尊

千々神尊　　万万神尊

二千二十二丸金財神首金財足成

已上三十二執金剛神者金剛界成身
會三十七尊加四佛又加相殿神也
補真實經云
薄伽梵妙善成就金剛威德三摩耶智
種々希有最勝功德已於所作事善巧
成弁諸有情類種願求隨其所樂皆
令滿足大悲毗盧遮那如來體性常
住無始無終三業堅固猶若金剛十
方諸佛咸共尊重一切菩薩恭敬
讃嘆時薄伽梵住妙高山頂三十三天
帝釋宮中摩訶摩尼最勝樓閣主世諸

佛常説法處其地稟軟如兜羅綿白
玉所成色瑩而雪有妙樓閣七寶莊嚴
寶鐸寶鈴處々懸列微風吹動出微
妙音繒蓋幢幡花鬘瓔珞半滿月等
而爲嚴飾光明照耀遍於虚空無數天
仙咸共稱讃與大菩薩衆十六倶胝那庾
多百千菩薩眷屬倶其名曰金剛手
菩薩金剛藏菩薩金剛弓菩薩金剛
善哉菩薩金剛胎菩薩金剛威徳菩薩
金剛幢菩薩金剛笑菩薩金剛眼菩薩
金剛受持菩薩金剛輪菩薩金剛語菩薩金
剛羯磨菩薩金剛精進菩薩金剛摧伏

對羯磨菩薩金對精進菩薩金對摧伏
菩薩金對奉菩薩如是等十六菩薩摩訶
薩一〻各有一億那庾多百千菩薩以
為眷屬
復有四金對天女其名曰金對燒香天女
金對散花天女金對燵燈天女金對塗
香天女如是等金對天女一〻各有一千
金對天女為眷屬俱
復有四金對天其名曰金對鉤天金對索
天金對鏁天金對鈴天如是等金對天一
一各有一千金對天為眷屬俱
復有忉利天王釋提桓因大梵天王摩醯

首羅等諸大天王及三十三天無數天子
無量俱胝那庾多諸天婇女種々歌舞一
心供養復有恒河沙數無量無數海會
衆菩薩賢聖圍遶說此大法 文
同經下云
尒時金剛手菩薩摩訶薩告諸大衆言廣
大之法非我境界是佛境界我今承佛大
威神力略說諸佛境界瑜伽秘密真實妙
法大金剛界道場法已我曾過去百千劫
中修諸願海乃遇大悲毘盧遮那如來帝
一會中得聞是法 文

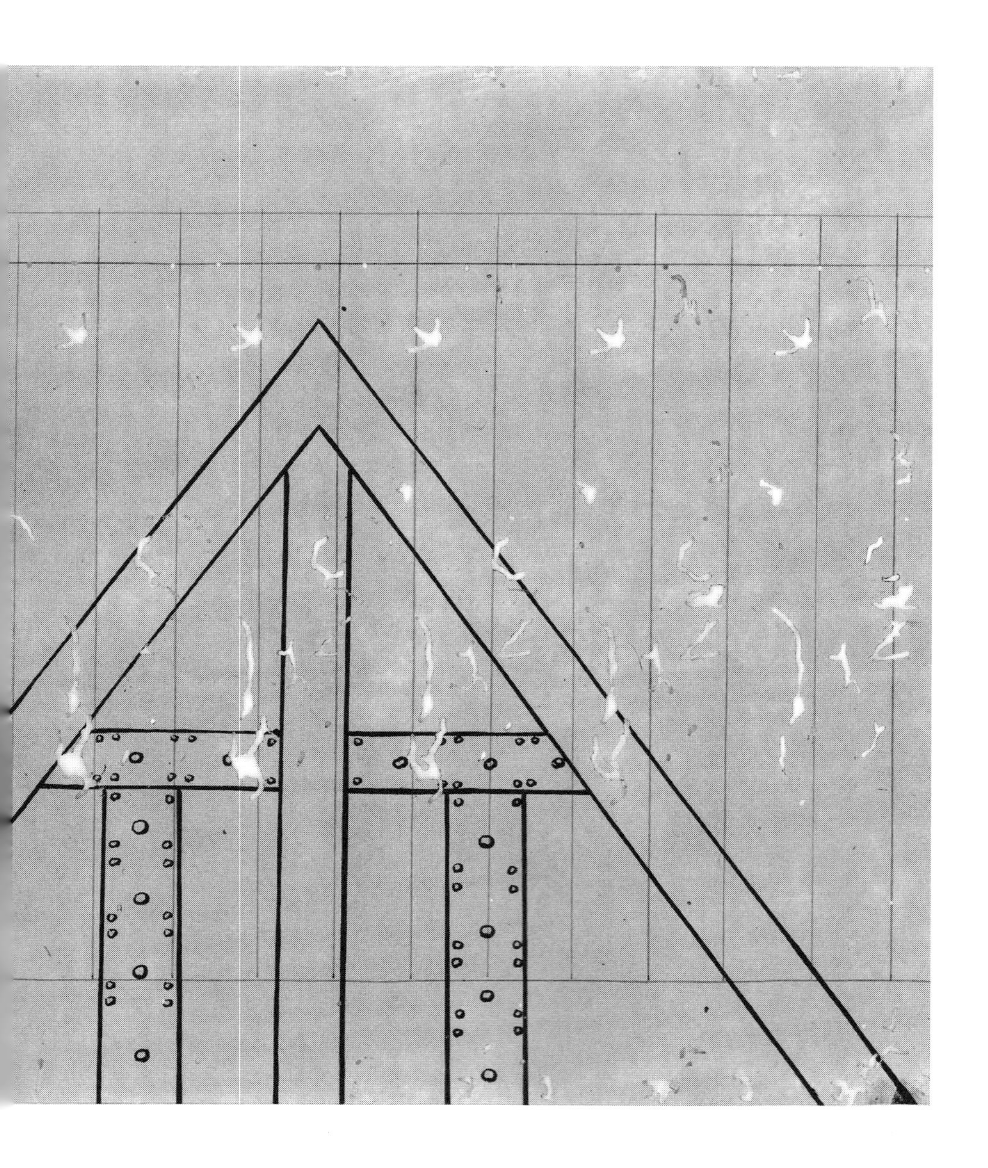

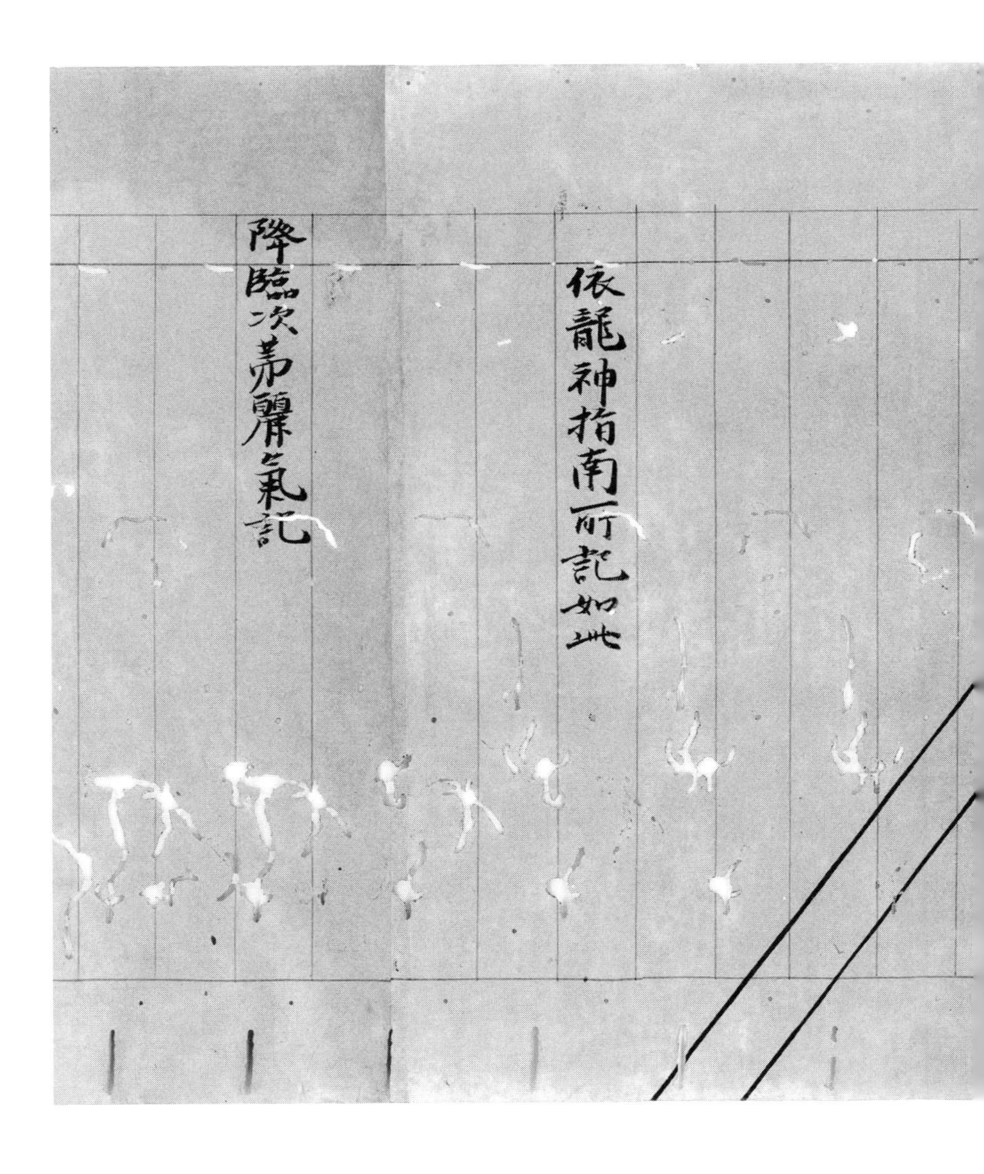
依龍神指南所記如此

降臨次第麗氣記

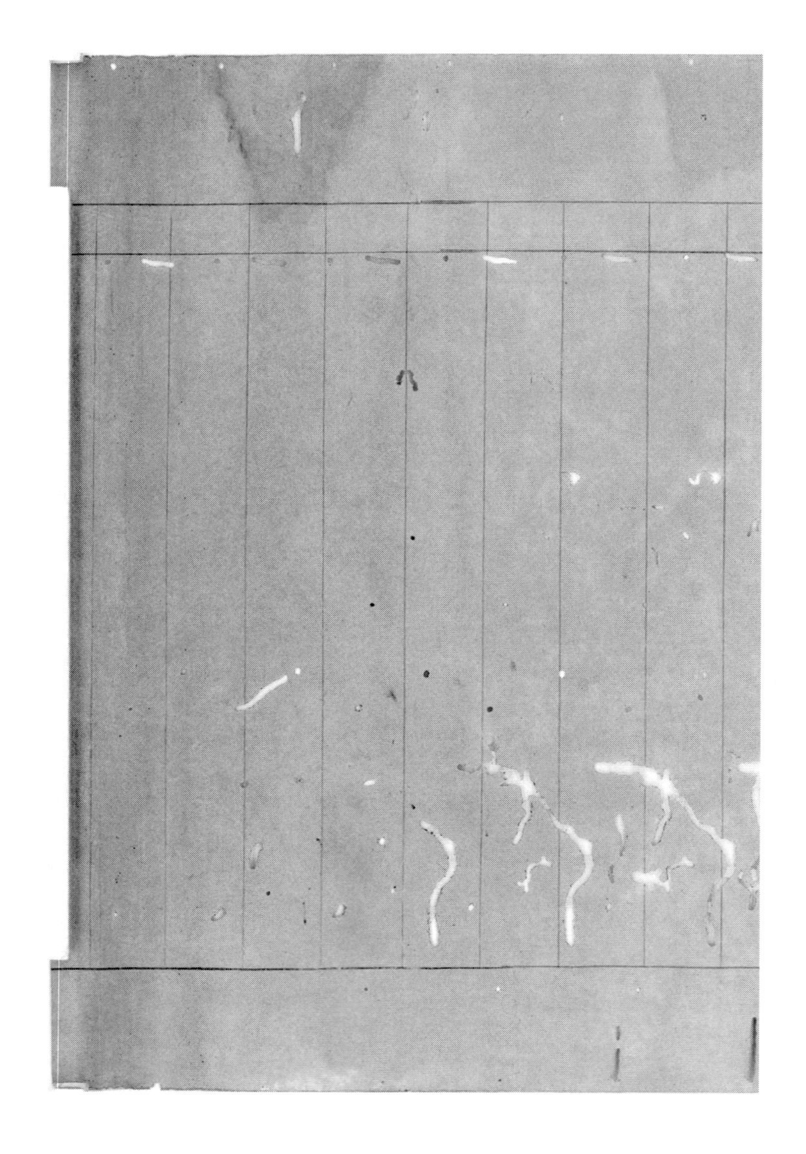

天地麗気記　64㈹合4号1

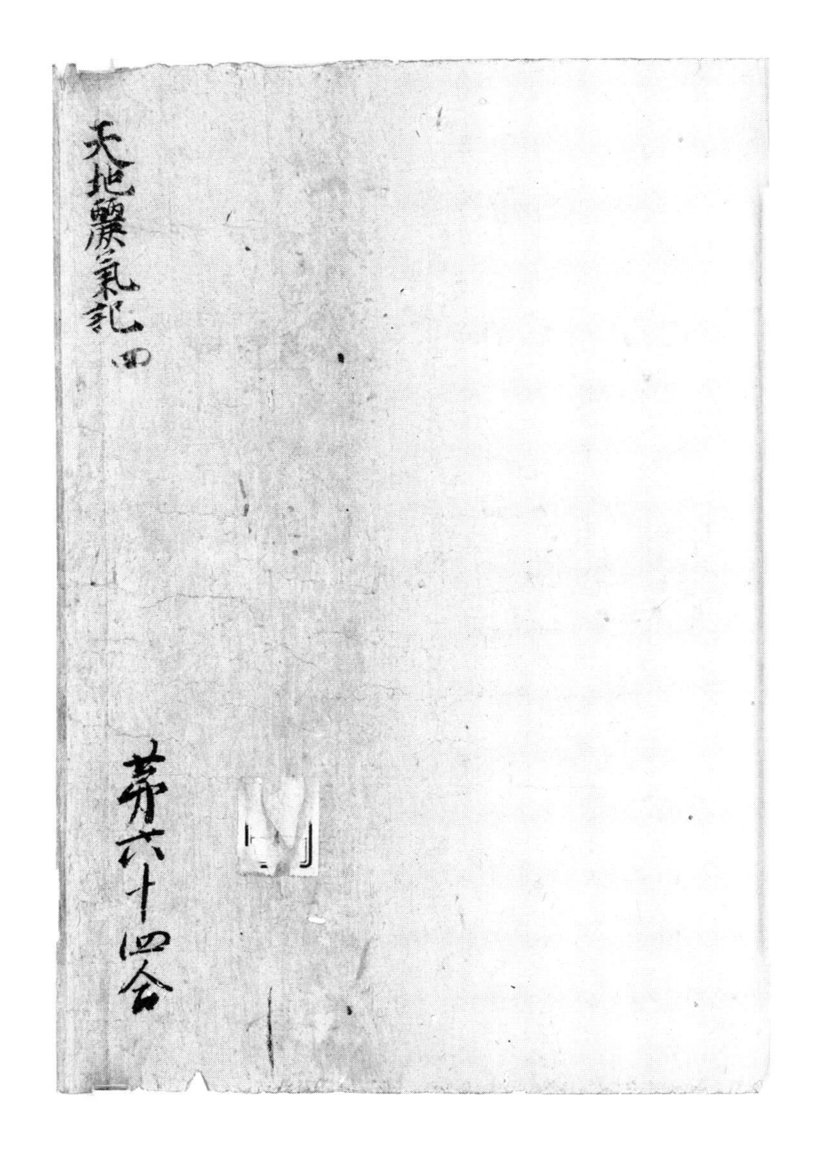
天地麗氣記 四
第六十四合

天地麗氣記

天神七葉者過去七佛轉星天七星地神

五葉者現在四佛加增舍那為五佛化

成地五行神供奉十六葉大神大小尊

神賢劫十六尊也憶昔在日地行菩薩

道時生千生万從百葉重百世亘千々

守国神坐下々守中神仁王神賊戰具十

種玉神鏡神本靈本覺天国璽地神印

百寶千寶百大僧祇劫々數無量無數

切下襄帝至三重中而除盈戒五十寺人之

劫不變常住三種神秘解置秘五世時は是

為尊重相並可奉崇敬本来靈金色如意

寶珠為淨菩提寶珠是國常立尊心神

本有滿字梵放文也法中大毗盧遮那

佛々佛主身所五百執金對神左右侍

立常恒三世衛護々五百執金對神各有

五百金對神各持 戈 析羅 螺 白 扶 無量

般若菩無量 真陀摩尼無量 百億祇

戰具無量 摩尼々々 摩訶摩尼無量

寶物 等重々層綾重々塊内重々塊

外仙畜々守之星宿座々坐之令付精

進仁福令蒙穢惡者罰是名神之

進仁福令蒙穢悪者尉是名神之
神亦名天地鏡亦名辟鬼神
國狭槌尊　毗盧舎那佛
豊斟渟尊　盧舎那佛
此二神浮天跡地執(報)應二身青黒二色寶
珠也青色者衆生界報寶珠黒色者無明調
伏寶珠三神々菓木國漂蕩状貌如鶏
子漸々万々時一十々々々時有化生之神
棄浮経此浮経者菓々菓令獨股金對也
此国者獨股金對上生成卜古成大日本
州此玉人尉時横成許時下卧共時立之
人人名可得意

以本蓋可浮意

淤土煑尊 毗婆尸如来　沙土煑尊 尸棄如来

大苫邊尊 毗葉羅如来　大戸之道尊 拘留孫如来

面足尊 拘那含牟尼如来　大富道尊 釋迦牟尼如来

惶根尊 弥勒如来

伊弉諾尊金對東俗躰男形如馬鳴菩

薩乗白馬手持竹一切衆生善悪量之

伊弉冊尊胎蔵東俗躰女形但如阿梨樹

王乗荷葉説法利生唯如釋迦如来擁亘

百千山川寶位大日本國金對寶山化生

兩宮心柱上説周遍法界條理矣

側聞本在以降二界遍照如来爲幾契所

侶羅尊在以陰二躰通卑女神尊生芽产

産一女三男一女天照皇大神地神始王

靈々鏡大日靈貴端嚴義靡生下轉神變

向下随須洲時淼氣都神与尸棄光天女

交同會中立上下法性下々未々給

光明大梵天王尸棄大梵天王一躰無二

擅顧合掌在上時功德無上下化時功德

無等々神寶日出之時二神大神豫書結出

幇永治天下言宣肆或爲日爲月永懸天

空不落照一四天下与無量梵摩尼殿以

降逹正覺正知成真如智逹立三界于時

以清陽者爲天以重濁者爲地和曜與一二

定後以天彦[illegible]以地彦[illegible]百億万劫間九
山八海無主時第六天伊舎那魔化仏
羅毘遮那魔醯修羅鳴動忿怒無天下鬼
洲時遍照三明月天子下成堅牢地神國
平思食事八十万劫其後瑠璃平地聚葉
塵主五色地漸草木主指苑成菓々落
成種子々々変成有情々々中有凡聖依
元初一念凡聖分現遍照三明日天子開敷
八葉蓮苑是名大空無相日輪是名如々
安楽地亦名大光明心殿亦名法性心殿
亦名伊勢二所両宮正殿者也自性大三昧
耶大梵宮殿表文也

耶大獲宮府老父也
伊弉諾伊弉冊二神尊持左手金鏡隆生
持右手銀鏡陽生名日日天子月天子是一
切衆生眼目坐故一切火氣變成日一切
水氣變成月三衆建立日月是也于時
以人毛龍都鏡邊都鏡為國璽尊靈而日神月
神自送于天宮而照六合給矣
正哉吾勝々速日天忍穂耳尊
天照大神捧八坂瓊曲玉於大八洲為本靈
鏡火珠所成神也
天津彦々火瓊々杵尊
天照大神太子正哉吾勝々速日天忍穂耳

尊娶天皇天御中主神太子高皇産靈
皇帝女栲幡豊秋津姫命生天津彦々火
瓊々杵尊謂高皇産靈尊者爲豊葦原
中津水穂國主玉光明天子也
尓時八十柱諸神日中國初幇天下尊無主
非眞應者不能治之誰神乎神達日皇
孫杵獨王也可以尊卌大神也皇孫尊爲
中國皇三十三天之諸魔軍障爲主所稱玄
龍車追眞床之縁錦衾八尺流大鏡赤玉
寶鈴草薙八握剱而壽之日咒呼汝杵敬
表吾壽手抱流鈴以御無窮無念爾祖吾

□吾尋手於汀釣之御無窮無念靈祀吾

在鏡中矣

沵餘寶十種神賊者

嬴都鏡一面 天字五輪形 豊受皇大神 地字圓形外缘八忍形

邊都鏡一面 天照皇大神

八握釼一柄 天村雲釼者草薙釼 八葉形表

主玉一 如意寶珠火珠

死玉一 如意寶珠水珠

足玉一 文上字表

道反玉一 文下字表

虵比礼一枚 木綿本源白色中字表

蜂比礼一枚 一字表

品物比礼一 寶冠

如是十種神賊者爲一切衆生受與之如字

眼精魂魄無二一心玉主平等不二妙文

也一二三四五六七八九十者一切衆

生父母天神地祇寶也亦波瑠布由良

ゝゝ而布瑠部由良ゝゝ由良止布理

部

金剛寶山呪也法中縛曰羅馱都鑁阿

尾羅吽欠阿縛羅佉ゝ

[illegible]

波瑠布由良ゝゝ

[illegible]

[illegible]

而布瑠部由良

[illegible]

由良止布瑠部

天照皇大神持寶鏡而祝之宣文 吾兒視

此寶鏡當猶視吾可與同床共殿以爲

齋鏡寶祚之隆當與天壤無窮矣則授

八坂瓊曲玉及八咫鏡草薙釼三種

神財永爲天璽地玉天不言地不言自

永劫至永劫不變荷肩八咫瓊之句及

白銅鏡行山川海源捧草薙釼腰平悪

事并天児屋根命守[illegible]

事呼天兒屋根命所持金剛寶柱中誦
色葉文爲淨事如元令成給伏乞矣
彥火々出見尊
天津彥々火瓊々杵尊第二王子母木
花開耶姫大山祇神女也上奉物如
左
彥波瀲武鸕鷀草葺不合尊
彥火々出見尊太子母豐玉姫海童二
女也奉渡如左
凡天照太神天地大冥之時現日月星
辰像照虛空之代神足履地而興于天
瓊戈於豐葦原中國上去下來而鑒

瓊戈於豊葦原中國上去下来所鑒
六合治天原耀天絞皇孫杵獨王人壽
八万歳時筑紫日向高千穂槵觸之
峯天降坐以降迄至于彦波瀲武鸕
鶿草葺不合尊総年三主治百七十
九万二千四百七十六歳也
凡神陰陽太神等五大龍百大龍王上首
坐面向者如天帝釋梵王 以下在別記

日本磐余彦天皇
彦波瀲武鸕鶿草葺不合尊弟四子也母
日玉依姫海童之大女也日本人皇始天
照太神五代孫也庚午歳誕生 云云

天皇草創天基之日任皇天之嚴命齊
八柱靈神式為鎮御魂神以來上則合
乹靈授國之德下則弘皇孫養正之心
是神一德蒸滿四海和光影普浮八州
能赦君臣上下悉除八苦煩惱天壞無
窮日月長久夜守日護愊葦生坐擲
言孔照也故八百万神等之中以八柱
御魂神為天皇玉躰眷秋二季齊祭
也惟魂元氣也清氣上齊為天神濁
氣沉下為地祇清濁之氣通為陰陽為
五行陰陽共生於万物之類是水火精

五行陰陽六三才六根之數是小火林
也陽氣主陽以名魂爲心故以安靜
爲命是遁本也神故名神魂也陰氣爲
意爲性故名精魄也故參八齊神靈則
世間苦 樂皆是自在天神之作用廣大
慈悲之八心即續生之相真實而無畏
鎮坐太元神地如湯津石村長生不死
之神盧謹請再拜國家幸甚々々

天地麗氣記

天照大神宮鎮座次第麗気記　64㈣合5号

鎮座麗氣記

天照皇大神宮鎮座次第
尾張國大須
寶生院經藏
圖書寺社官

天照皇大神
大悲胎蔵界八葉中臺五佛四菩薩
五大院五尊蓮華部院廿一尊眷属
同佛母院五尊薩埵院廿一尊眷属
十四尊虚空蔵院廿尊蘇悉地院
八尊釋迦院四十一尊文殊院二十五
尊除蓋障院九尊地蔵院九尊四
大四神等二院二百二尊大悲胎蔵
一曼荼羅[illegible]有四百十尊表躰御
形文也
現躰四百各々加諸別宮戎九億四
万三千七百九十二神上尊歸婆

万三千七百九十二神上尊帰娑

婆東百大神力云々

天香具山命 金剛鈎菩薩 上首　天鈿貴語命 金剛薩埵菩薩

天太玉命 金對王菩薩　天兒屋命 金對愛菩薩

天櫛玉命 金對喜菩薩　天道根命 上首 金對宗菩薩

天神玉命 金對寶菩薩　天椹野命 金對光菩薩

天糠戸命 金對幢菩薩　天明玉命 金對笑菩薩

天村雲命 上首 金對鎌菩薩　天背男命 金對法菩薩

天御蔭命 金對利菩薩　天造日女命 金對因菩薩

天世手命 金對語菩薩　天斗麻祢命 上首 金對鈴菩薩

天背斗女命 金對業菩薩　天玉櫛彦命 金對護菩薩

金對牙菩薩　金對拳菩薩

天涗津彦命　　天神魂命金剛[illegible]菩薩

天三降命金剛喜菩薩　　天日神命金剛嬉菩薩

天乳速命金剛歌菩薩　　天八坂彦命金剛舞菩薩

天活玉命火天　　天小彦根命水天

天湯彦命風天　　天表春命地天

天下春命金剛焼香菩薩　　天月神命金剛花菩薩

天佇佐布魂命金剛燈菩薩　　天佇岐志途保命金剛塗香菩薩

經曰本躰盧舍那久遠成正覺爲度衆生

故示現大明神

亦曰本躰観世音常在補陀落山爲度

衆生故示現大明神

亦曰應以執金剛神得度者即現執金剛

亦曰應以執金剛神得度者即現執金剛
神而為説法文
首楞嚴經云盡空如来國土淨穢有無
皆是我心變化所現識性流出無量如来文
圓覺經曰無上妙覺遍諸十方出生如来
與一切法同體平等文
花嚴經云法身恒寂靜清淨無二相為度
衆生故示現種々形文
同曰涅槃寂靜未曾異智行勝劣有差
別譬如虚空體性一普遍一切虚空衆随
諸衆生心智殊所聞所見各差別文

自性及受用變化并等流佛徳三十六宮
同自性身文
天王諸天子法身之性諸凡夫聲聞辟支佛
等法身平等無差別文
釋迦如来我滅度後於悪世中現大明神
廣度衆生文
天王如来爲度衆生上去下来上從飛空
天下至大八洲大日本伊勢度會郡宇
治郷五十鈴河上御鎮座是秘密大乗
法々入法界宮自性三昧耶根本大毗
盧遮那神變加持胎蔵界法性心殿
入佛三昧耶法界生死生眼轉法輪所八

八佛三昧耶法界生死生眼轉法輪所八
葉中臺眞實覺王金剛不壞大道場
周遍法界心所傳晶十三大院也
密号　遍照金剛
神體八咫鏡座　文殊所成王本有法身妙理也亦名進
弥鏡亦名眞経津鏡亦名白銅鏡也
相殿座神
左天手力男命　亦名靡開神寶号儞多摩尼尊
金剛号　持法金剛
神體八葉靈鏡下八葉形二重神寶
（号イ）
右座大力座（刀イ）
右栲幡豐秋津姫命　亦名慈悲心王是群品母儀破賀
尊座也神解前垂也
搆皷別宮荒祭神　亦名随荒天子閻羅法王所化神天照
荒魂神名瀬織津比咩神
神體鏡坐是天鏡也天鏡尊所鑄鏡是也

神體鏡坐是天鏡也天鏡尊寶鏡是也

播社朝熊神社

是佛眼佛母日月應化遍照寶鏡葺不合

尊金鏡是也朝熊神六座倭姫命崇祭

之寶鏡二面日天月天兩眼精鏡倭姫

命寶鏡云々

外金剛部二十天

那羅延天　拘摩羅天　傘蓋毗那夜迦

梵天　帝釋　日天

月天　花鬘毗那夜迦　彗星

熒惑天　羅刹天　風天

衣服天　火天　多門天

衣那天　火天　多門天

猪頭天　焔魔天　調伏天

四角鎮壇

降三世明王　軍荼利明王　大威徳明王

金剛夜叉明王

四方結護

金剛波羅蜜　寶波羅蜜　法波羅蜜

羯磨波羅蜜

四門守護

金剛色天東門　金剛聲天南門　金剛香天西門

金剛味天北門

二十天守護

内鳥居 金剛時春天 金剛時雨天　　外鳥居 金剛時秋天 金剛時冬天

内者授秘密灑水神表沐浴懺悔也

外者解捨穢神除穢悪不浄也

天照皇大神麗氣記

神代金剛寶山記并日本書記中天

照大神事雖所明多十八所後得

照大神事雖所明多十八所後件
勢伍什河上鎮座事諸記不具深
義故取伍十一季正月一日發偽殆
祈佛告神同二十一年正月十八日
入秘密灌頂壇以加持冥刀獲寅
旨於龍神指南所記如右輙及披
見者加冥應令治罰給耳

五十鈴河山田原豊受皇大神鎮座次第　64㈹合6号

五十鈴河鎮座次第

第六十四合

尾張國大須
寶生院經藏
圖書寺社官
府點檢之印

伍什鈴河山田原豊受皇太神鎮座次第

豊受皇大神

金剛界成身會及一印四院大供養羯磨
微細三昧耶降三世三昧耶降伏三世
理趣等九會中有一千四百四尊々達
等併不冝其姿隠本有無身山頂山
下樹林海岸河上依願各々鎮座以降
分九會正殿者以成身會為鎮座五大
月輪五智圓満寶鏡寶相真如五輪
中臺常住三世浄妙法身大毘盧遮
那佛亦名法性自覺尊亦名熾盛
大日輪也

大日輪也

金對号　遍照金對

神号　天御中主尊

神體飛空自在天説法談義精氣也

水珠所成王常住法身妙理也正躰輪中

有五輪中輪長六寸余四輪者長四寸

也是名御正躰輪二尺四寸住八寸也

相殿座神

左皇孫尊天上玉杵命二柱一座

寶号観自在王如来　金對号蓮華金對

神号天津彦々火瓊々杵尊亦名留一尊

王亦名杵獨王亦名示法神亦名[illegible]諸

神亦名左天神天上玉杵命

寳号　阿逸多王如来

金對号　蘇迅金對

神體八葉形靈鏡無縁圓輪珠霊鏡也

右天兒屋命前　後太玉命後　前

天兒屋命寳号曼殊師利菩薩金對号

利鈎金對亦闍曼金對神号天兒屋命亦

名天八重雲釼神亦名左右上下神亦

名頭根女神亦名百大龍王命也

神體切金方筋珠霊鏡

太玉命寳号普賢菩薩金對号圓満金對

太玉命寳号普賢菩薩金對号圓滿金對
神号太玉命亦名大日女惹神　亦名月絃
神亦名月讀命神體二輪御靈鏡
右二柱靈鏡者梵篋中藏之以一百三十
六両朱砂埋藏之亦色欲愛表也此神
者不染著善悪唯外相法身姿現内心
慈悲至極也

攝政別宮多賀御前神
亦名泰山府君也止由氣皇大神惹魂也
亦名伊吹戸主神也御靈天鏡坐云々
神寳鏡卅二面藏之内一面天鏡以朱藏

文形也左右各一合都四十四鏡表也

橘社大土祖神 亦名五道大神雙五所大明神座也 山田原地主神也亦号鎮護神 大年神子大國玉神子宇賀神一座大土御祖一座御躰瑠璃壺一口靈鏡二面華形座云云在神寶岩石一面日象扇一枚

右大神鎮座次第天照皇大神皇御孫杵獨王三十二柱從神筑紫日向高千穂槵觸之峯天降跡以遠于三代歴年治合一百七十九万二千四百七十餘歳從神武天皇至開化天皇九代歴年六百三十余歳帝与神其際未遠同殿座崇神天皇六年己丑歳漸畏神威同殿不安就於倭笠縫邑殊立神籬祭之

不安就於倭笠縫邑殊立神籬条之
垂仁天皇即位廿五年丙辰天照大神
正躬令倭姫命奉戴之伊勢国宇治五
十鈴河際伊雑宮坐明年丁巳冬十月
甲子奉遷于天照大神於度遇五十鈴
川上也詔曰常世思金神手力雄命天
石別神以寶鏡専為天照大神御霊如
拝吾前奉齋条矣
豊受皇大神人寿四万歳時御臨淡路国三
上嶽坐次布倉遷坐次八輪嶋遷坐次御
間城入彦五十瓊殖天皇御宇丹波乃国
與謝之郡比治山頂麻井原天天照大神其

一所座給其後竹野郡奈具宮坐于時
奈具神奉朝御氣爲御饗亦奉上白黒
神酒也亦天照大神尓　夕御氣備進儀式
如朝氣備也
奉採心御柱儀式如前是造宮事始也
日鷲高佐山者是日本鎮府驗所在十
二箇石室号玄扈也謂大己貴命天日
別命居所亦伊勢津彦神石扉亦春日
戸神靈崛也惣名高倉山是也常天童
天女來白雲臨遊松栢本奏妙音天樂
于時應響傍山名風音也彼風音一嶽毋

于時應響侍山名屋音也彼屋音一宿
白鈹鼓金銀面象寶鈴等藏之是天女
大和姫神態也云々
山田原造宮之間沼木高河原離宮木
丸殿御座天衆降居奏妙音樂云々
與佐宮御出時地主明神詠曰
奈具身尓奈具我宮仔豆間今波照
出御明給
一説云
奈賀奴美尓阿賀奴小宮乎仔豆流
万尓今者外尓出々照覧悟巴
亦山田原迎椄時天照大神拍手忍手

御詠曰
增鏡雲位合御覽尊千代年世重々
并天御中主靈尊大日靈貴天照神
拜文曰
一心我頂礼　久住舍那尊　本来我一心　無主共加護
尒時天照神返礼文曰
天宮擔類　久遠正覺　法性如如　同在一所
兩宮兩部不二三世常住神座也應理智形
天照太神豊受太神座也是兩部元祖佛
法本源也
更以尸棄大梵天王水珠所成玉水珠者

支沙尸棄大梵天王水珠所成玉水珠者
月珠々々者玉々者鑁字金剛界根本
大毗盧遮那如来是天上大梵天王虚空
無垢大光明遍照如来過去威音王佛是也
三十三天中皆是名大梵天皇是為尸棄
大梵天王是名天御中主尊亦名豊受皇
大神云々
光明大梵天王火珠所成玉火珠者日珠々
々者玉々者阿字々々者如意寶珠々々
者蓮花理々者胎蔵界毗盧舎那遍照如
来阿字本不生不可得儀一切法皆空無自
性門是也過去花開王佛是也三十三天

中皆是名大梵天王是名光明大梵天王
是名天御中主尊亦名天照坐皇大神
他化自在天化身大毗盧舎那如来是名
摩醯首羅天王亦名大自在天王皆為威
光菩薩住日宮破阿修羅王難居日域成
天照大神攝金輪聖王福三千大千世界
所有々情初於善男子善女醜陋頑愚盲
聾瘖瘂四重八重七逆越攝傍方等経一
闡提等無量重罪現在生中頓断無明皆
是神攝大乗善根成就形相有頂天上及無
間極已塵浮塵性相常住無邊異相皆是神

而拙已塵浮塵性相常住無邊異相皆是神
躰皆是大覚皆是佛身永離生死常刹
衆生無有間斷十方如来同入三昧三世諸
佛皆為授記自在神力両宮修行功徳甚深
本来自性本妙像形不動念々即入阿字
门云々
今両宮則両部大日色心和合成一躰則豊
受皇大神宮内一所並坐也此事勿令泄
言可両宮崇坐故夫梵号与密号及獨古
従本一也以一分二為天地以天地為両宮
以両宮為両部二神暫立速悟給故雖分
化儀内外本有平等一理周遍法界故一

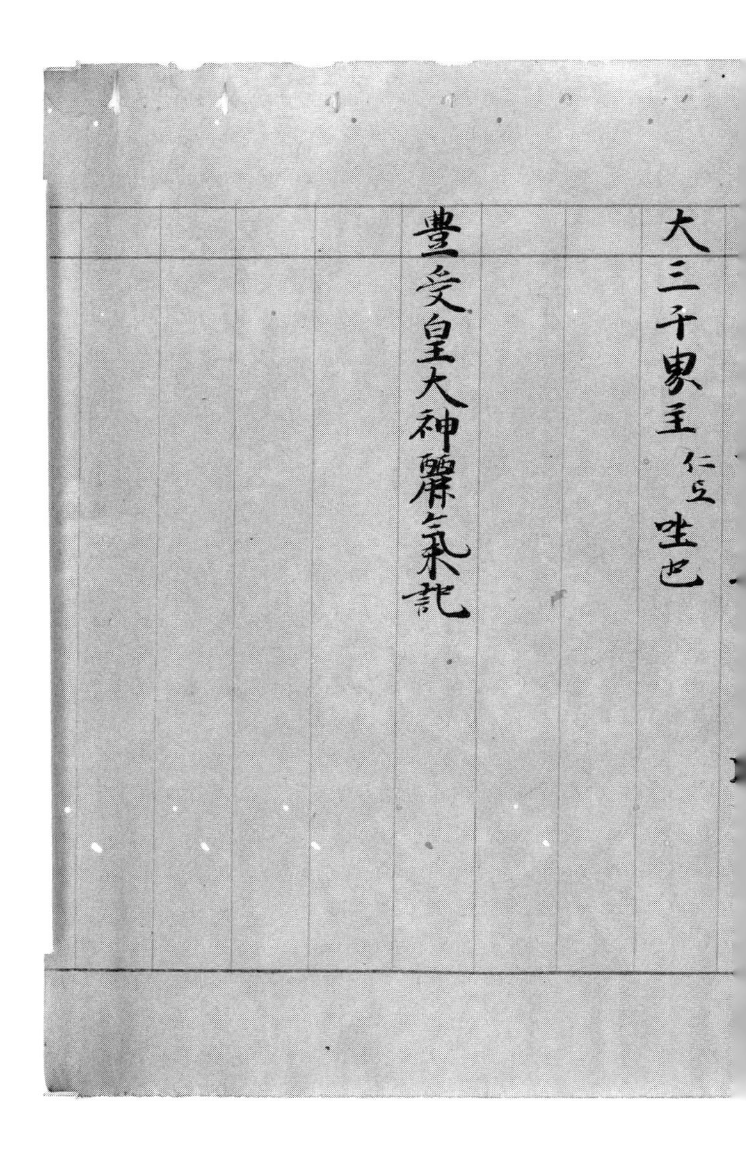

大三千界主仁王坐也

豊受皇大神麗氣記

心柱麗気記　64㈹合7号

心柱麗氣記　七

死

麗氣記

飛空自在梵天王擭建立器世間向十方
衆言我今召集十衆迷情神達佛達我
身體家苦時有虛空音聲告善哉善
哉大梵天王我本無有音說為利益
現為利益我等入深禪定經無量阿
僧祇劫未聞如是誠諦金言諦聽諦
聽善思念思其後經八十一劫出現
娑婆衆其中九聖相臨現應化身膺

度衆生八千反覧劫十六劫階在〻
處〻有無量千万億大威神力随其
国随其處或現佛身或現辟支佛身
或現聲聞身或現梵王身或現帝釋
身或現自在天身或現大自在天身
或現天大將軍身或現四大天王身或
現大小王身或現長者居士宰官波羅
門身或現比丘〻〻尼優婆塞優婆夷
身或現長者居士宰官婆羅门婦女身
或現童男童女身或現天龍夜叉乾闥
婆阿修羅迦樓羅緊那羅摩睺羅伽
人非人等身或現執金對神有為無為有

人非人等身或現執金剛神有為無為有
差別娑婆世界者有天魔外道多邪見
放逸尓時遊ヒ棄光明大梵天王天御
中主尊王轉成大日靈貴授齊衆生給
矣
賢劫十六劫後可出生金剛靈鏡男命相
治相會並坐云〻尓時大梵天王授与大八
洲給次授与梵天王身體文曰
諸佛金剛灌頂儀　汝已如法金剛竟
為成如來體性故　汝應授此金剛杵

此杵者我身三昧耶形故二所皇大神宮
者以伐折羅為宗伐折羅者獨股々々
者心肝玉々者神々者正覺理々者法界
一心々々者真正覺々々者心柱々者心
玉々々者大日今兩宮是也神者心躰
柱々則衆生成佛因緣法界緣起是也
伐折羅陀羅尼是金剛杵陀羅執持義

代析羅陁羅即是金剛杵陁羅執持義
金剛寶山記曰大梵天王跡體遺佛衆
大日本州名字佛跡心遺中道名字實相々
自遺菩薩衆名字新發左手申天道
名字天右手申人道名字人用施
十方名字淨土德覆天下名字日月
左足踏餓鬼道名字餓鬼右足踏畜生
道名字畜生神進轍衆名字有情已上十
衆手具莚不二摩訶衍姿也凡九億四万
三千七百九十二神上首常婆娑衆
有大神力亦不生神不來從天從地不出

應

主亦不来他方忽前身相隠故無来無去
神是九万八千五百七十二神上首常以
興神道人間東有大威勢覆其國無二也
故天無二至宗廟照三界給故以日為胎
蔵以月為金對東也
祖吾在鏡中其貞如日其心如海其慧如
天其徳如地脩善道播心為先精進行正
念為本夫一切法自性空依遍[照]如来相當
知空寂為躰無相為相無性為性無得
為得為利益衆生如来作異相是故諸佛
摩他菩薩万行五通行相十界差別皆
是如来方便其實帰空一理不著諸相為

是如来方便其實歸空一理不著諸相爲
不可得〻〻〻即如来正覺般若修行之要
道其至極既以如是故天女曰伊勢兩宮
無始無終大元宗神亦一念不生神羅烈
万法心故結（綾）万像躰鳴呼爲法無目利
爲神無縁守无（元）無窮妙躰邊際元利主力
用休息屏佛法息〻諸神影無邊法界心
量如是而布瑠之言本也故杵瑠王受之
言大八洲傳之持明鏡照心月是妙法最
頂梵王真言也無爲事不言教是人真
心也

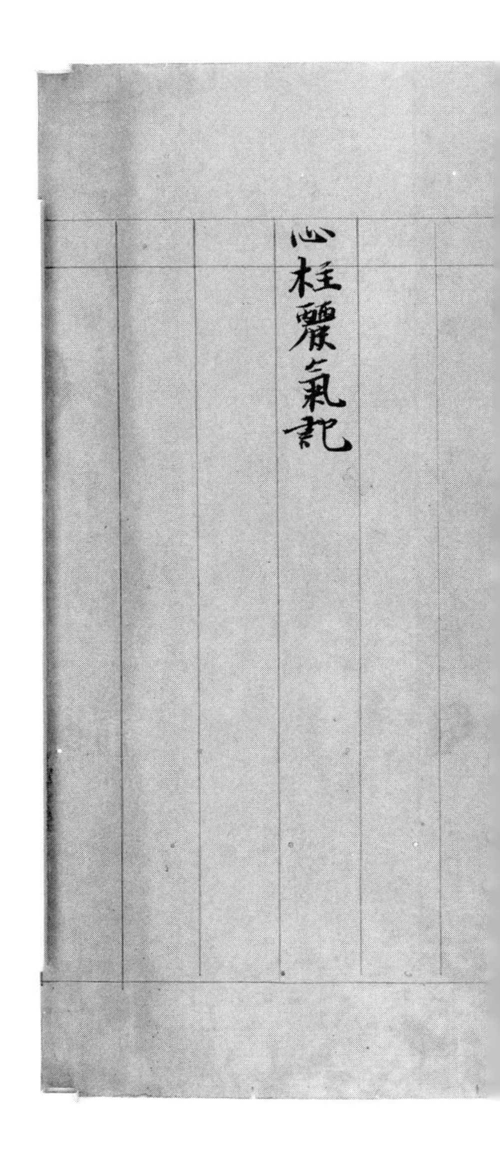
心柱麗氣記

神梵語麗気記　64㈲合8号

神梵語麗氣記　八
第六十四合

尾張國大須
寶生院經藏

稟和光靈威微行諸波羅蜜蒙諸佛
通相遊般若心宮主大日本國同大
日如來作被照大日霊尊開心地
蓮被加持不動與三世入法界大悲
之門磨正覺正知之鏡坐一生補處宮
得全對加持之法界身深哉神通秘
傳善哉佛法指南矣聞神妙躰天然
無際而不動法性之條理南無万像法
身自樂之力用無邊也而宮本擔權化
法報應等身設利生方軌雖然一身作
故三世一生而無來無去常住不變也

故三世一生所無来無去常住不変也
一切衆生本来薩埵凡聖皆是神躰法
性無明本有形躰過現當諸佛冥合種
々應身化現明神衛護三寶也
凡法則神々則法々則僧々則佛々則人
々則神々則通々則利益々者一切万像
即佛身也佛身則獨古々々則心柱々々
即一切衆生身量亦心御柱者大日本
國開闢獨古金對國靈境柱水尾中
国心御柱天地和合本躰生死自在
本妙像十方如来三昧耶形一切衆生
心神珠以心為主々即神主神主神明

應化故神宮社司等為先精進奉供尊
神分天識恩矣
清淨即諸佛之本道識恩即無明業
因自性清淨即心上妙法五穀精氣
成大圓鏡智玉〻變成一切草木樹
林〻〻中有神尾坐邑生時始一水
下乳天死時終一水上乳地故迷悟
在心 文
于時為下化衆生尸棄大梵天王令
天御中主尊詔伊弉諾伊弉冊二柱
尊曰有豊葦原千五百秋瑞穗之津

尊日有豊葦原千五百秋瑞穂之津
地宜汝脩之賜天瓊戈而詔寄賜也
二柱尊奉詔立於天浮雲之上共計
謂有一物若浮膏其圓中有國乎
廼以天瓊戈天瓊杵探之獲八葉
滄海畐敀則投下其戈而回畫滄
溟而引上之時自矛末落垂適瀝之
潮凝結為嶋名曰磤馭盧嶋矣則以
天瓊矛指下於磤馭盧嶋之上以為
國中之天柱也天瓊杵謂真如東
變成金剛寶杵々々變成風氣々々轉
成神々變成生々轉成浘梶々々轉成

人躰故八葉蓮臺座自在安樂也是
如意赤玉德也元神用但也故瓊戈
是天神地祇種子也諸識心王心源也
故杵尊大王皇孫尊授与尸棄大梵
光明大梵二天王文
諸佛正覺金對杵　往古菩薩智法身
樹下成道常說法　大日本國成鎮壇

此云大日本国亦授五鏡給五鏡者五輪
〻〻者五智也

外宮〻中〻臺相殿神五柱大神坐也

内宮〻中〻臺相殿神四柱大神坐也
神躰奉仕
豊受皇大神
根本正覺卯

結八握印爰五股印

唵縛日羅二合隠都鍐

此云唵字南無二字唵縛日羅三字金

對隠都二字東鏡字大日亦通勸去

唵字帝帰命

此五箇種子者

梵王左右四座也相殿及四十四鏡

奉仕尊當手御代物に

以手尊章

神語曰

神語曰

天曉地開遷玉新殿爲一切刹利備陁

同心如律令

天照皇大神

結八葉開花印爰八葉印

[梵字][梵字][梵字][梵字][梵字][梵字]字諸法本不生發心

[梵字]字諸果得解脱修行[梵字]字除入諸

三昧耶菩提[梵字]字諸業成事智涅槃

[梵字]字諸事皆滿足所作心辯法性心

殿

[梵字][梵字][梵字][梵字]・[梵字]・[梵字][梵字][梵字][梵字]

諸別宮[梵字]・[梵字][梵字][梵字][梵字]字梵主[梵字][梵字]

癸三字相殿開示悟入佛知見及
諸神鏡三十二面爲千合御代物勿
廂正手以上衣爲左立右奉仕文
神語曰
地開天明遷王新殿並歟多胎内外不
亘不動長代座也
二宮神王壽大条以下向条宿下院勿
文散々者矣
世家建立後相分化聖持二梵王天
地靈物授與天浮下寸尊與地出上
子尊持陽外視持隱神内藏持是名

子等持陽外陰持陰神内蔵持是名
持金對為引導衆生東分他現身
興于國柱是國境注也
吏心柱者元初皇帝御霊也興于阿字
心地成鏡字正覺不乱定恵一心儀常
住不變妙法座自性清淨妙蓮殿閣不
並心陲方寸神殊是也

神梵語麗氣記

万鏡本縁神霊瑞器記　64㈮合9号

萬鏡霊瑞記
九

一万鏡本縁神霊瑞器記

大梵天宮天幹霊光

一面大自在天王心肝霊鏡々々變成

精光々々中有五輪各々々移五色成

五智々々變坐平等天照名豊受皇

大神是云天御中主尊也

一輪中在五輪是天御中主尊寶鏡

三面天鏡尊心月輪鏡

一面尸棄大梵天王寶鏡

一面光明大梵天王寶鏡
一面世界建立金對日輪鏡
一面八咫鏡八葉中在方圓五位最是
天照皇大神御霊鏡座也
一面紀伊國那草郡日前宮神霊内侍
所前神坐也
件二面鏡者八百八神達執天金山精
金奉鋳日像鏡也
二面无縁圓輪霊鏡
二面切金方筋霊鏡
件鏡四面以天香山金肯不合尊製作
也謂攝津國與播磨國合境乃世企志

也謂播津國與播磨國合境乃世尒志

天奉鑄之云々

二面聖武天皇寶鏡是大梵天王兩

眼化為明鏡故佛父佛母兩眼大日頂輪

三面化現金鏡豊受皇大神別宮多賀

宮坂下座津岩根尒蔵置也

二面大和姫命朝熊海水上尒志天奉鑄白

銅鏡也内侍所神鏡崇神天皇御宇

奉鑄也以為神璽也

従大梵天宮流鈴

應化神持金剛寶鈴也化身說法音表

五十鈴宮也是其象也

五十鈴宮處是其謂也
獨古鈴三古鈴五古鈴塔鈴寶鈴九古鈴
十六古鈴十八古鈴龍頭鈴佛頭鈴九金器
中有青聲卅八口也是一口同音兩訃
同音諸佛同音五智五阿不二卅躰也
諸神同輪亦如是ゝゝ
天瓊矛者獨古變成也
天逆戈　大梵天王矛也
天逆太刀　大梵天王矛也
伴神寶藏瀧祭仙宮者也　市号常世郷是
瀧宮
三種神璽
白銅鏡　梵言阿羅清義
神言直清

白銅鏡 梵言阿羅清義 神言直清身

草薙釼 亦名天牟羅雲釼是也 為本名也

八坂瓊曲玉 大日覚玉寳珠也

天神擣日天皇如八尺瓊之勾以曲妙御

宇且如白銅鏡以分明者行山川海原

乃提神釼平天下故万類神寳用以三

種為神璽也

神光神璽昔経于五立無念無心無隠

陽重如只治天下以霊光陽理〻皆不

以人事代世下第七葉時始有婚合以降

始以人事天下於神明霊光成賞爵大神

國[illegible]上下有四種[illegible][illegible][illegible][illegible][illegible][illegible][illegible]

貴爲又下〻未〻地神五代時流坐

護國守王第六葉仁王始神武天王

衛〻下光下神威威人無靈玉光世

時但神明以威光攝政仁聖塵用德

道通威勢化民大神變轉變威大道

契引神世現威神力得道得果後出

世民道時學佛教民佛身依神擁護撑

佛法可治備寶御言説給無天不降種

子無地不戴承天地和合主万物貴上

契下無生死從本無始一物無終万物都

不可測涯際權初起塵無幻化跡四相幻

不可測涯際權初起廛無幻化跡四相幻
野等一度是非迷一度是非神冥應諸
佛擁護天皇玉躰無動如陽律磐邑文
常磐堅磐尓　三世常住四海浄證天神
地祇平等〻〻本覺慈悲三際不可
訶得兩宮鎮座百大備祇無量無數
億常住不變真實本有法界湛然
天然不生法性不動無邊形像形鎮
品種〻神是諸大梵王尸棄光明三
十三天一大梵王大日覺王四種神
變向上向下二宮本擔諸大別宮各〻

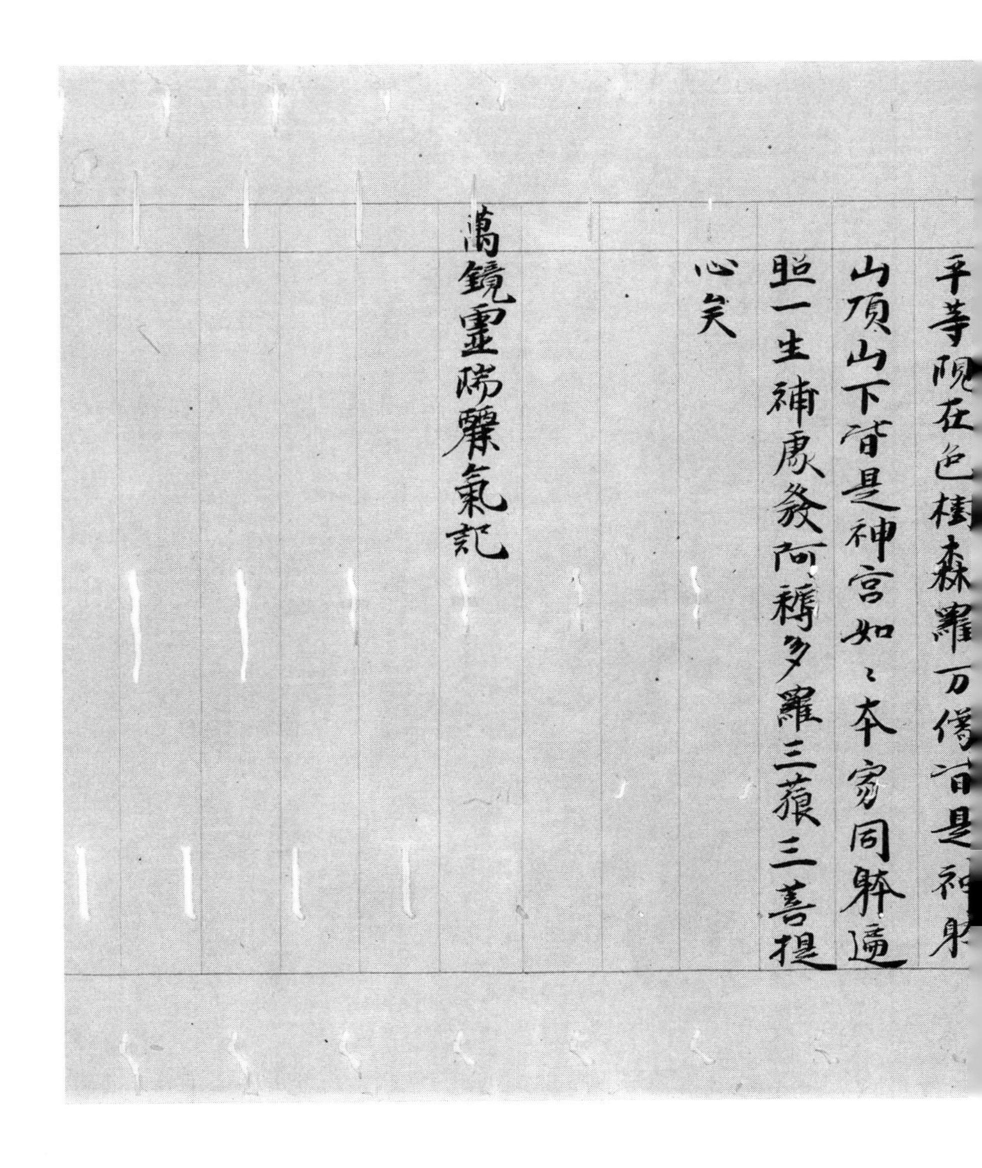

乎等閑在色樹森羅万像皆是神躰
山頂山下皆是神宮如々本覚同躰遍
照一生補處發阿耨多羅三藐三菩提
心矣

萬鏡靈瑞器氣記

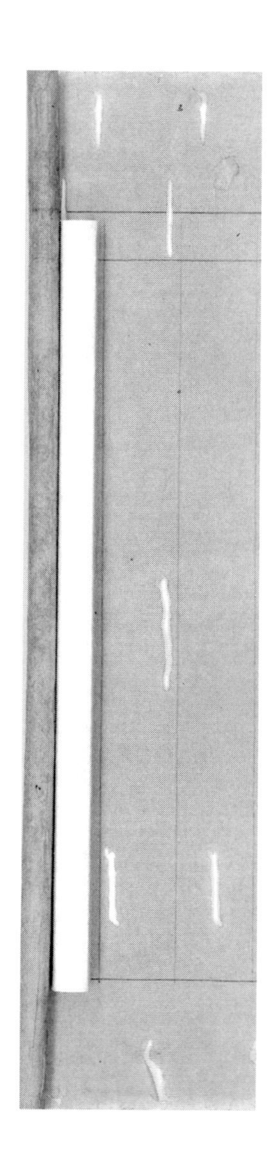

神号麗気記　64㈸合10号

尾張國大須
寶生院經藏
圖書
神躰麗氣記

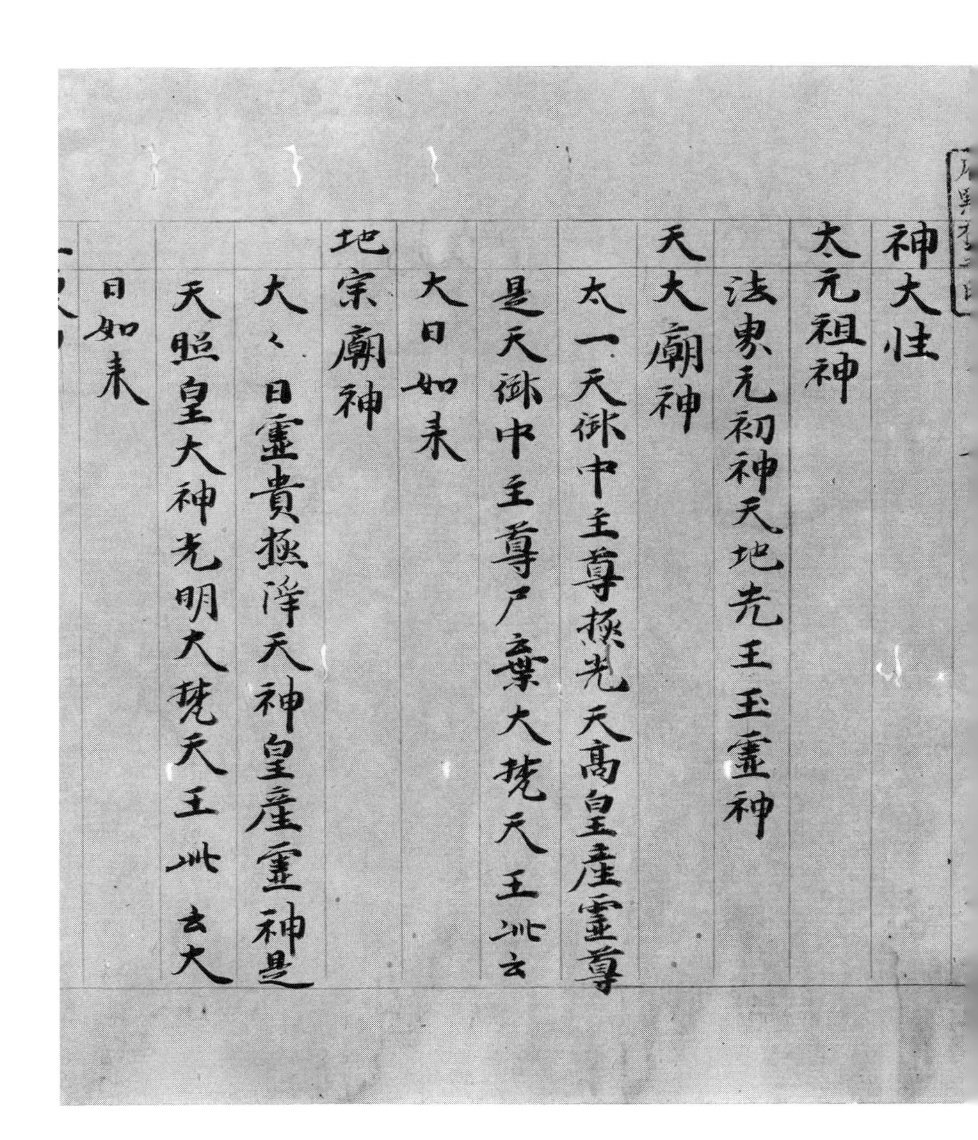

神大性
太元祖神
法界无初神天地先王玉靈神
天大廟神
太一天御中主尊揔光天高皇産靈尊
是天御中主尊尸棄大梵天王也云
大日如来
地宗廟神
大々日靈貴揔淨天神皇産靈神是
天照皇大神光明大梵天王也　云大
日如来

日女神

社禝神
昧國地利神皇帝践祚祖神也

天神
七金山衆

地祇
國内神等

垂跡
歸向神下化神化生神

實迷神
忌本覺理住一心三昧文結緣隨善惡

實性神 悟

貴本覺理遠離彌々地座本有位守
護佛法僧文

事

冥衆有万事苑也同殿勸請時一心神
法界平等心神也

理

穿群方十方世界菓實也本有本性
依佛神加護以念力留異念在々所々
顛倒神也

智

般若到彼岸無盡藏神舟河海通光

般若到彼岸無盡藏神毎向河遍光

神

躰

文殊八不〻顛倒利釼神

相

普賢實相戯論色心和合神

用

観

観青九十五種外道破一切音聲神

實相神

無邊法界一切色相形精也無相無爲

邊一切神

重空神

本覚力用無辺際佛経論大小乗等

護法神

靈

一切鬼神忿怒先霊慈神慈仁神

䰟

陰神隠他主神潭瀬池底神

魄

陽神一切山林二階楼門三階楼閣

中居住

鬼

牛馬等六畜一切屍骨怨霊呪咀神

牛馬等六畜一切[illegible][illegible]惡靈呪咀神

日

日珠火珠所成一切暖氣神

月

月鏡水珠所成一切温化神

明

日月所化神七寶所成神

眞道

天類

鬼道

惡類

道祖神

道辻神道代神

山犳神

木玉神應青神

山祇神

山母神松脂精霊神

五行神

五智變作神地五形也

七星

九曜

衆生命魂赤傘蓋

三十六禽

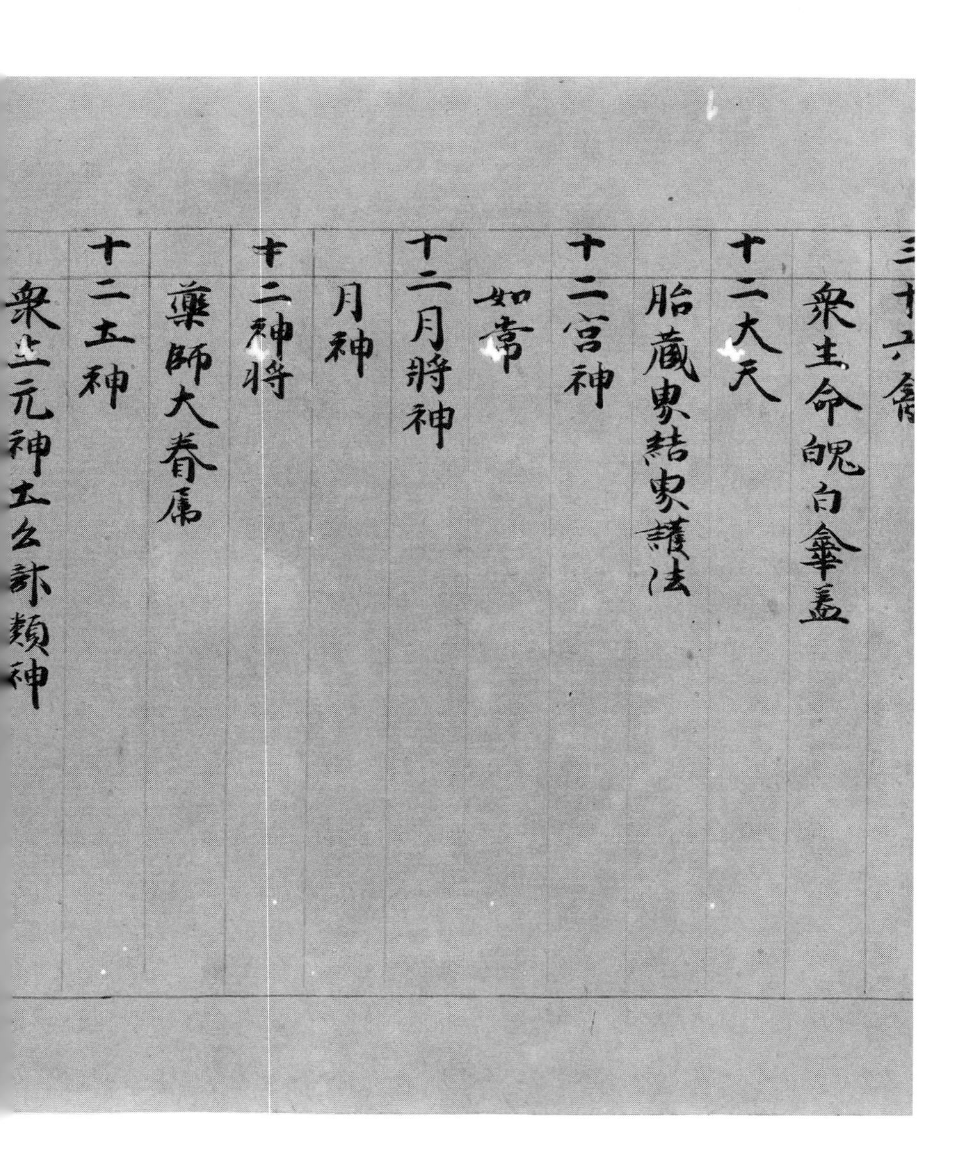
三十六禽
衆生命魄白傘蓋
十二大天
胎蔵界結界護法
十二宮神
如常
十二月将神
月神
十二神将
薬師大眷属
十二支神
衆生元神土公跡類神

二十八宿
佛部使者一切如来奉仕
二十八部衆
蓮花部使者観音眷属
二十八使者
羯磨部使者別毘沙門眷属
二十八夜叉
金剛部五大尊眷属
二十八軍
寳部使者別八千辟箪荼利大眷属於
十方世東現種々形像度無量含識兼
天地ニ給也

天地仁給也
所奉崇敬大小尊神等空中塵中一万
三千七百余社者始高日国惣六十余
州在々所々天降給神達也如是神
守護三寶依法楽顕利生則稱讃開
歓喜之眉離三熱之苦歸自性本宮
給者也

大日本国地霊神
葛木々峯一言主神

葛木者木〻葛〻巻合也〻峯者卅杉
〻年成菓也一言主者菓食天人也
今笛吹大明神金對山下坂二工岩屋
藏坐也

金對山
下坂過去千佛中威音如来是也委云
二工岩屋也

同山
中坂金對書菩薩今已貴神卅二柱尊
和鸕心成就産法起大王至最頂峯役
行金對寶柱成金對寶菩薩今云寶書
菩薩於金峯山名金對藏王化成仔牸

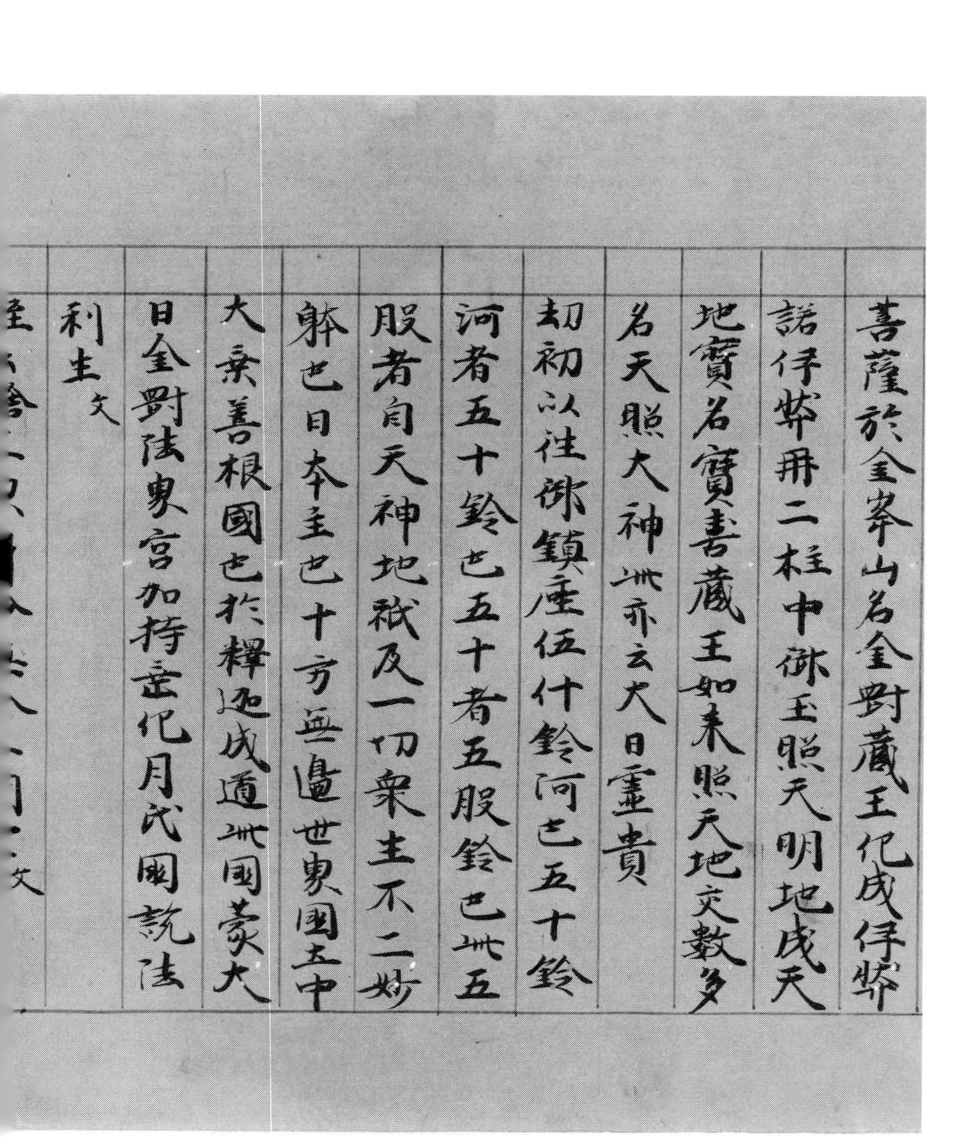
菩薩於金峯山名金剛藏王化成伊弉
諾伊弉冊二柱中珠玉照天明地成天
地寶名寶喜藏王如來照天地変數多
名天照大神菩薩亦云大日靈貴
劫初以往珠鎮座伍什鈴河也五十鈴
河者五十鈴也五十者五股鈴也菩薩五
股者自天神地祇及一切衆生不二妙
躰也日本主也十方無邊世界国土中
大乗善根國也於釋迦成道菩薩國蒙大
日金剛法東宮加持並化月氏國說法
利生文

経云捨三界身命無介子階重
法起大王先霊神名豊蹈許霊神泚神
令紀伊国那草郡日前宮国懸宮二柱尊
中言王子後坐神坐也於高野山云高
野大明神於金峯山云金精大明神
鳴武神大明神
百済国耆闍大王四女也日前宮為捕
社神祭霊九月廿六日天下給也酒熏
七飛共以降令仁田中鳴神社前卧居
長一丈或七尺乍七有亍令人多見之云々
熊野有馬村坐並青神伊弉冊尊御
後身也

後[illegible]也

熊野櫲樟日命

天照太神第五葉第三御孫也　号熊野

靈神也

熊野權現

日本國鎮西日子峯天降給　其躰八角

水精石生也

凡六十余州大小神祇神号載先条訖

神号麗氣記

神形注麗気記　64㈲合11号

神形注麗氣記

神祇灌麗氣記

一輪中有九輪廻地水火風空各々三昧耶身也神祇深義在別記

一鏡中有八葉々々間有半三股三八二十四與八葉輪已上三十二神一鏡中住無相無爲表形也

一鏡中有五大月輪々々間有八輻金對輪後生本有十六大菩薩境界三十二尊與五大月輪三十七尊無爲無号表躰也

九尊可[illegible]對[illegible][illegible][illegible][illegible]八葉佛菩薩

上方便加持説法躰也
一輪中四智鈴背中央獨一法身玉靈神
説法利生標示也
神躰如馬鳴菩薩乗白馬左持日輪右持
介令量知一切衆生善悪二法四大天童
開天地苗種子八大金對神持白杖御前
中應青凶類皆揖伏也前八金對神後陳
持三戟降伏悪魔鬼神也

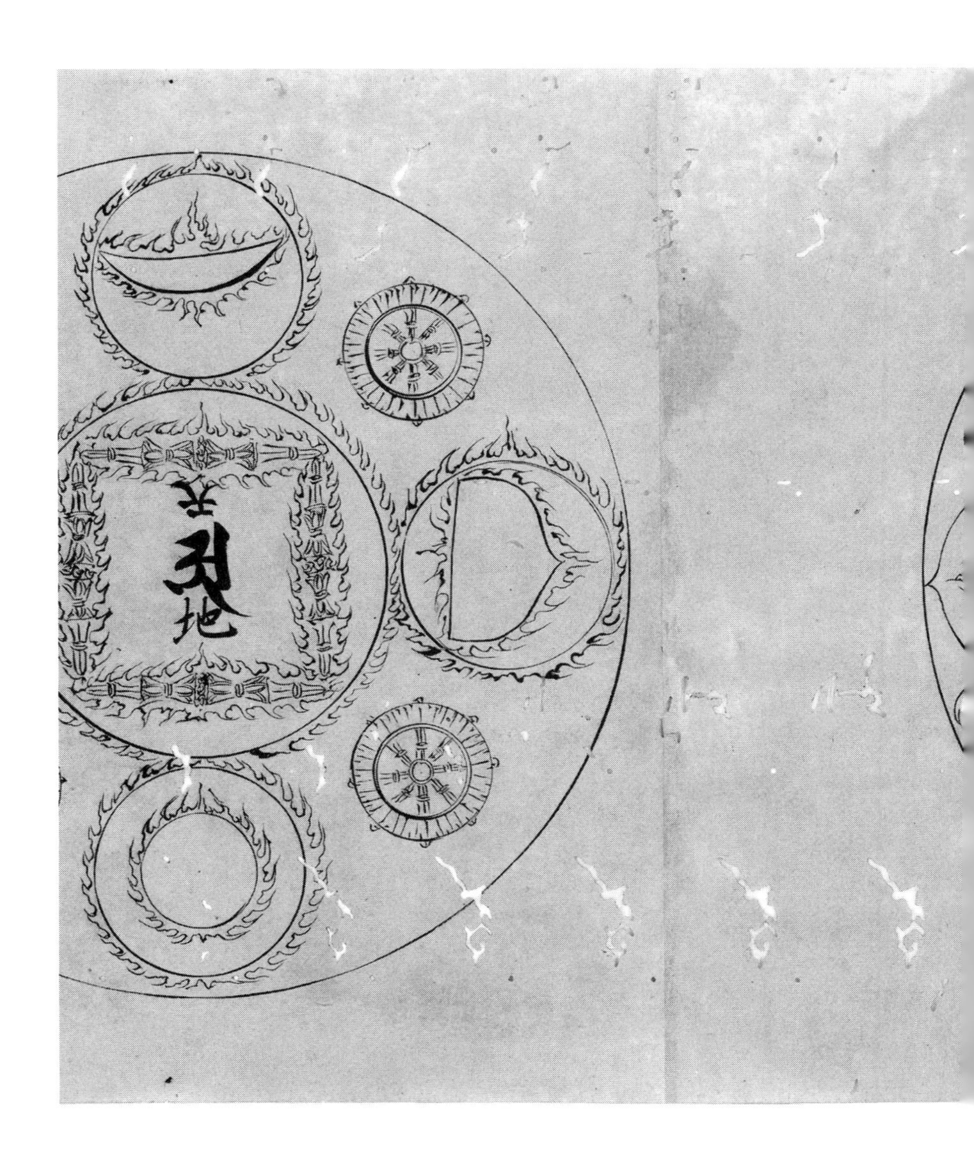
地

三界表麗気記　64㈹合12号1

三界表麗氣記

尾張國大須
寶生院經藏

下化俗躰者當下持本鏡光明大梵天
王娑婆世界本主天地開闢時定清天
定濁地以淨為上以穢為下定上下以
降有迷悟有差別立有無見已法性
法尒道共自性光明欲令知之聳梵王
三十六人供奉神下向娑婆世界行鉢鳴
鏡迴道時聞聲知物 文已上 寶山記
大梵天王常恒說法
八文受与男初度可 [illegible] 入文
受与女後度大梵天王是名金對界大
日入文誦 [illegible] 衆生一心

種子也生佛不二神呪也名詮自性明[illegible]
[illegible]
下化俗躰者當々持本鏡尸棄大梵天
王娑婆世界本主也三十二梵衆大眷
属供奉下化入新宮受与己心法降化時
入文[illegible]授与女之祈度入文
[illegible]授与男之後度大梵天王
是名胎蔵界大日定時誦[illegible]
名詮自性明[illegible]如是兩部一
會和合常住不変妙躰也不可定前後
難分兩部不二不思議妙用三千即一
神
[illegible]離[illegible]上天札

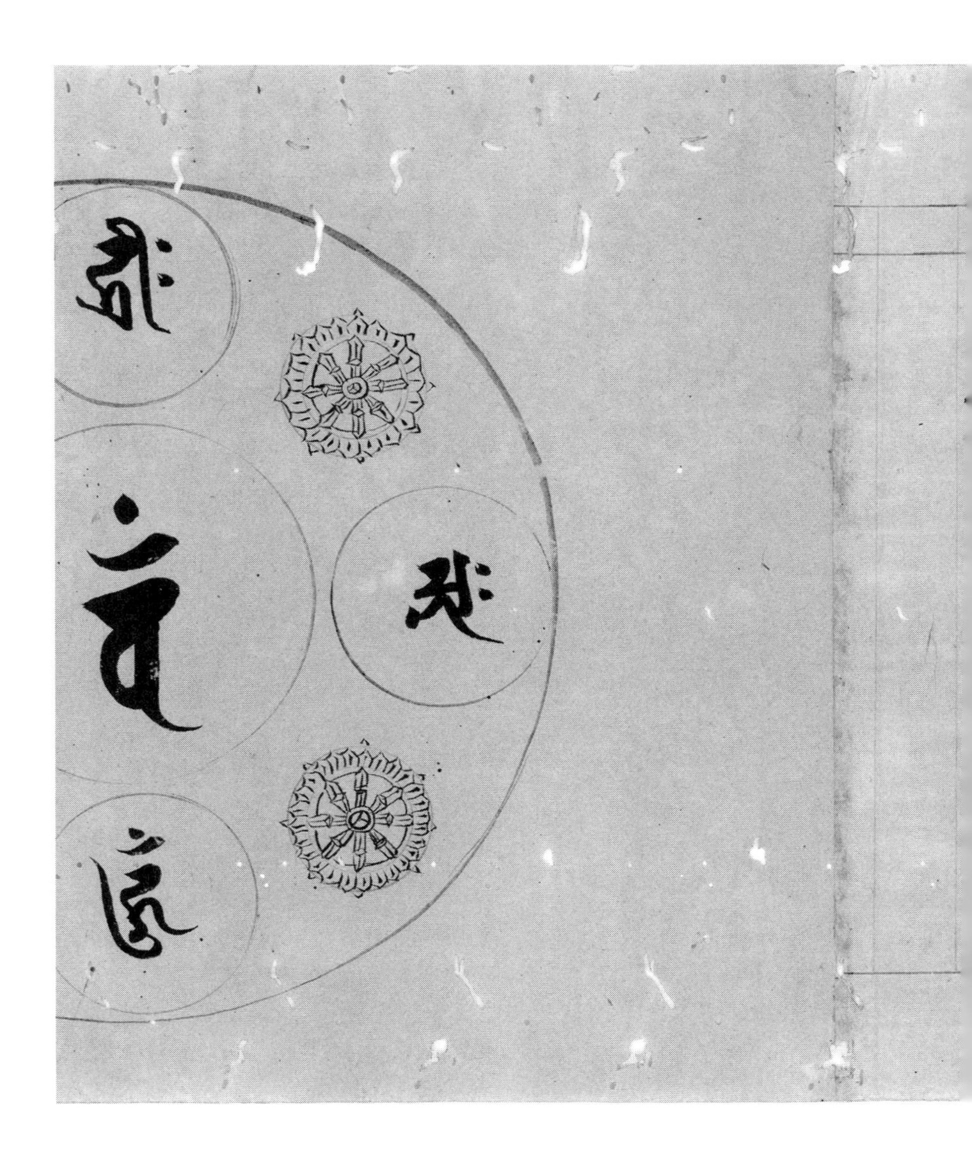

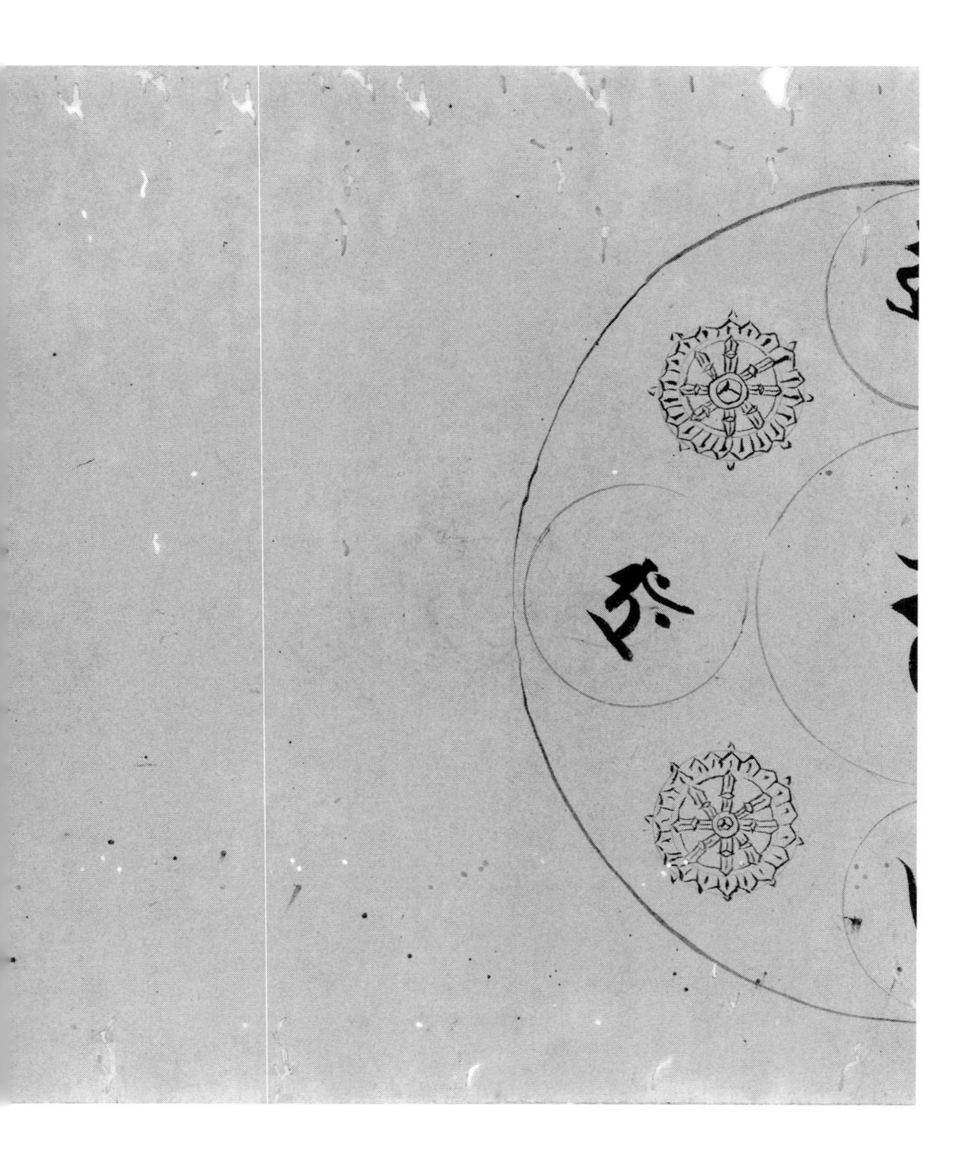

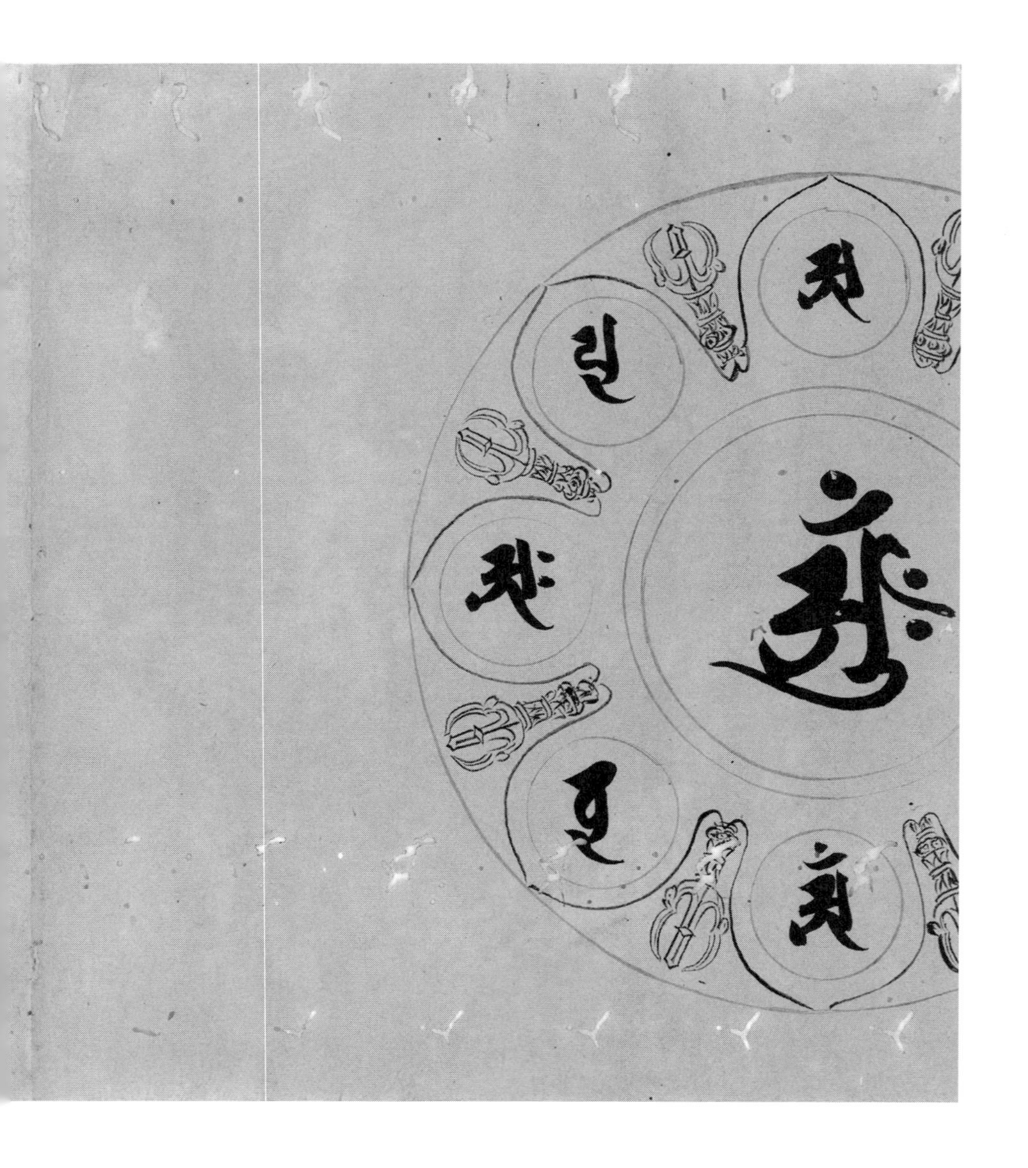

現図麗気記　64㈹合13号

現圖麗氣記　十三
第六十四合

現圖麗氣記

無始無終種々形像最初一果之玉者法
界元初一水國常立尊心月輪大空無相
妙體也二珠並生者國狭槌尊与豊斟
渟尊曰珠月鏡天地日月二裏水火圓
滿摩訶摩尼珠如々平等妙體也
一柄三鈷天叢雲釼者從第六天大自在
天王受持之三戟利釼立釼三峯六地三種
釼也中有六龍神出生種玉破六道形見

壹一子慈悲抜衣二輪大自在天西
也九葉蓮華得自性清浄法性如来
九束徒情形表也自地大之穴為六甦
合手尾氐六輪留六道凡夫生死繋也
現六波羅蜜六輪光明則法身表徳
也天瓊杵玉者爰云獨股大日本国心
御量柱也童如月横立者薩羅沙縛
日羅文武二道定恵横竪妙解国中女
霧吉隣也卅三種神宝者上三柱尊
三昧耶妙解也
亦天瓊杵金對寶柱者従天地両盤中
出諸法寳珂法書則諸品物天御量柱

出[illegible]

天地開闢色業法界法身心王心数大号

荼羅一心無作本妙蔵天地和合遍華金

対無始無終本高跡也已上三種神賊悪

魔降伏戦具貴賤上下守護文也

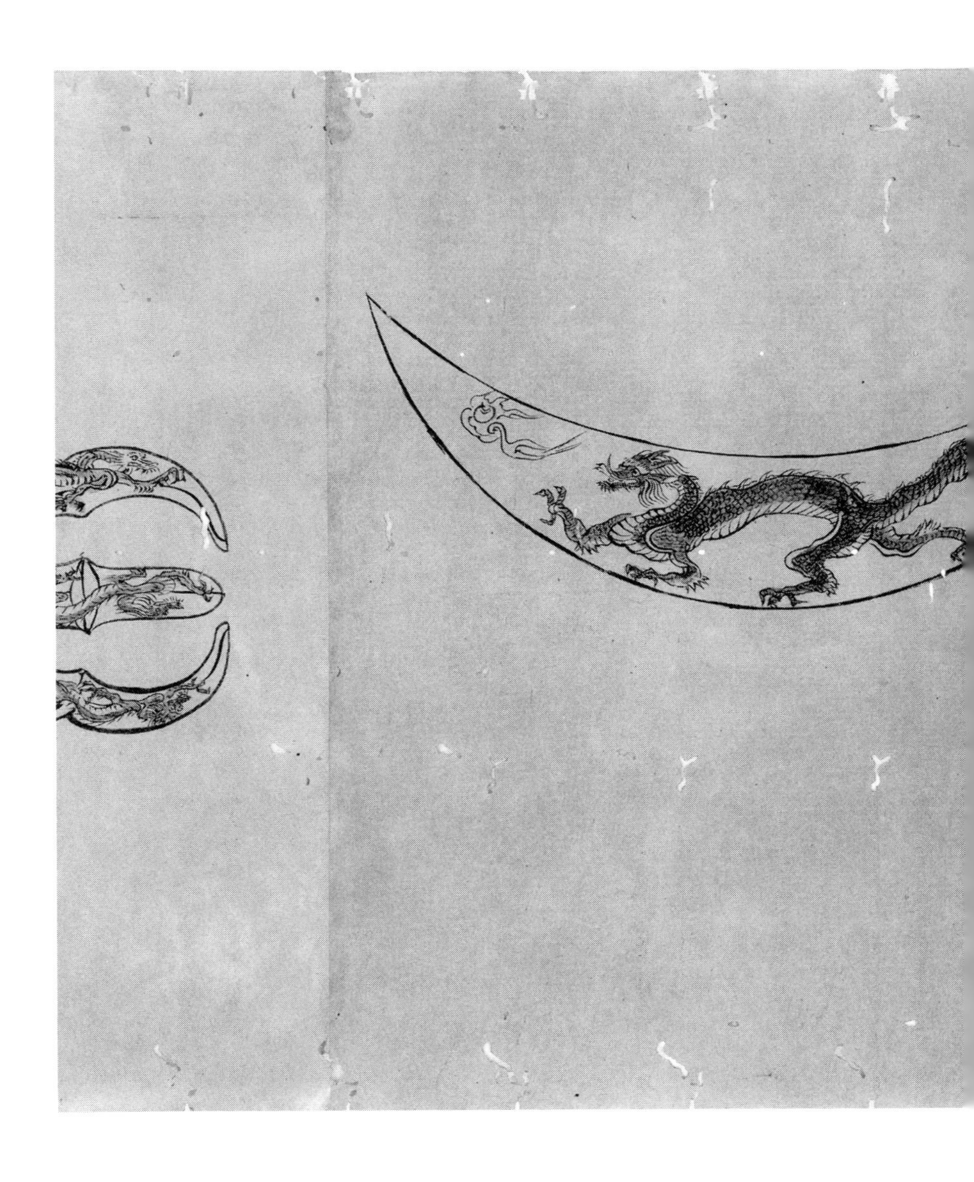

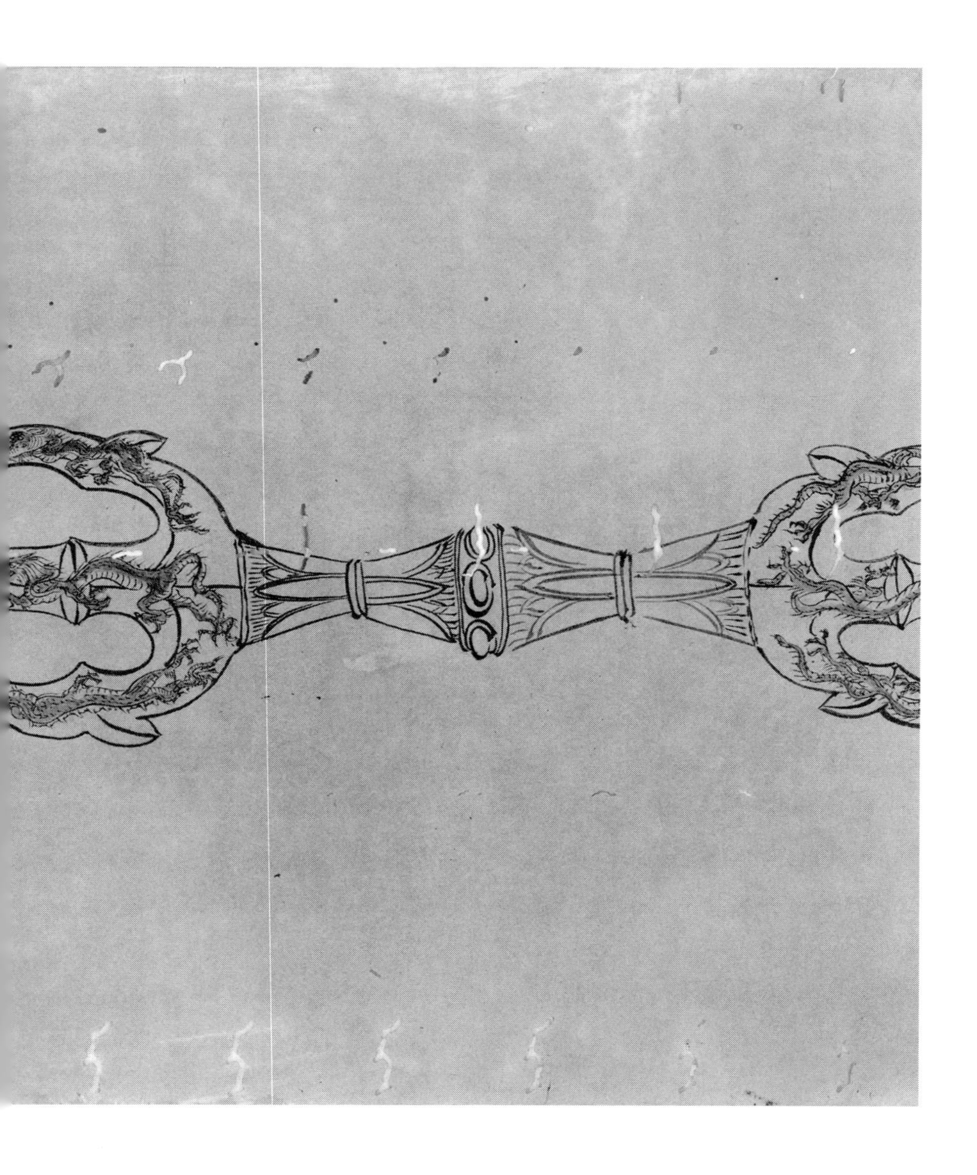

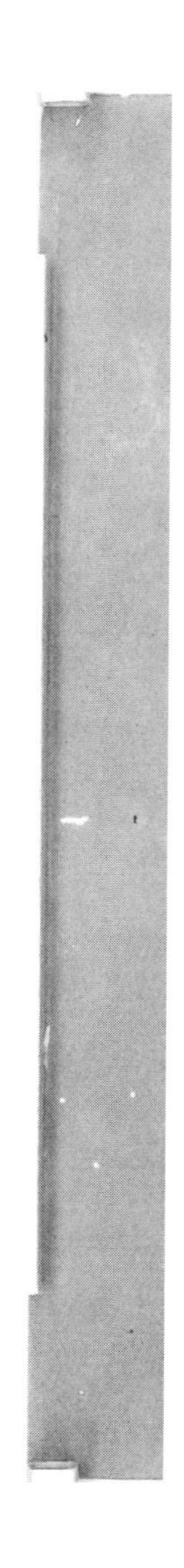

仏法神道麗気記　64㈹合14号

佛法神道麗氣記　下
第六十四合

佛法神道麗氣記

以前条々以降化縁起明和光利物本懐
次於佛語甚深顯己心神祇
傳聞神明垂跡昔閻浮下化時受神璽
魔王以還直形負靈鏡照無邊法界八無
主心地住不生妙理棄神通寶輅至三藏
三佛陀不障神与王天地則一不離仁与
法色心則和合妄心從本無自性悟耶真
如佛種從縁起不可得佛語餘八万權實

區大小實語不二源如来一口也[illegible]
聖真顕有憚雖願大悲方便衆靈宿無
相鏡矣
諸教大經只以一心神為宗旨然而小乘
之所談且不定之
法相大乘之心立四分三性之法門明唯識
中道之観門遣人法二執之迷倒顕二
空詮門之真理因位修行教門随他利物
談也大乘甚深真理以書不可宣以心難
量知以辭不顕言語道斷心形寂滅唯佛
与佛之境界知見之處佛住不二門示無相
鏡明神通靈威利衆生是唯識中道之

鏡明和通靈感利衆生是故諸中道之
観門三世常住法也
三論宗意者明獨空畢竟之理説八不中
道之旨依世諦立諸法依真諦不留一法
無相無念常住不変也是本地無跡無二
平等心々々者三世融通本来本有成
道法爾眼前靈感也
天台宗意者明四教五時之法門以法華
以前教爲方便権門中説十如實相理宜
開示悟入四句明二乗成佛儀是則唯一
實相之法位法華一乗之妙解也本門者
述久遠實成之旨癈始覺始成之談宣十

[illegible]常住之理顯三身無作本是隨教家作
形色心具足妙文也一乘實相妙躰者無生
自性妙法假間不生心蓮本來清淨妙理
也虛空無邊心相常住不變眞如也佛
衆生衆本妙藏三世諸佛神珠也菩法花
梵士行一乘理法聞心地蓮成諸佛共正
覺以往神躰八咫鏡者八葉蓮花也是即
三世常住理躰也法華眞實心文也
惣持教者自性法身大日如來於金剛法
界宮与自眷屬共爲自受法樂各說內證
果海之法門即六大四曼三密本有法身
摩尼珠也金剛薩埵結集加持法門也此

摩尼珠也金剛薩埵結集加持法门也此
教意者以即身成佛爲宗皆於即身成佛
有三種謂理具加持顕得也
六大無㝵常瑜伽　四種曼荼各不離
三密加持速ニ疾顕　重々帝網名即身
法然具足薩般若　心数心王過刹塵
各具五智無際智　圓鏡力故實覺智文
六大無㝵常瑜伽者是有三種六大者不
地水火風空識方圓三角半月團形等五
智五佛海會諸佛是也無㝵者虚空無邊
越身意色精量無量無數法界自在身

相也所依者一十言天[illegible]

心相也四種曼荼各不離者有二四種曼

荼者有差別無差別大三法羊等各具五

智如々也各不離者策一身四智合法界也

三密者身口意煩悩不浄身依加持成佛

身重々帝網者如羅網幢一々成其身法

並具足薩般若者大慈悲心上具足一

切森羅万像平等照也心数心王過刹塵

者一切諸佛菩薩及明王諸天神等也圓

鏡力故實覺智者三密無相本性一心無

㝵鏡也心水湛並不動波浪以鏡喩之神

明佛陀本誓顯本覺真如都也此文意者

明佛陀本持覓本覺真如者也此文意者
自法然具足薩般若王于各具五智無際
智者理具即身也從六大無导至于名即
身者加持即身也圓鏡力故實覺智者顕
得之即身理具者一切衆生之自心品本
来法然而具足過恒沙心王心数以心王
為大日以心数名諸尊是名心王心数薩
般若智是為無邊滿徳本圓滿也聞此
理如實知自心名理具即身成佛但如
實知自心有重々此上修三密行令勝進名
加持即身觀行圓滿名顕得於六大重々
地水火風空識四曼者一法曼荼羅即

梵字種子也二三昧耶〻〻〻即五輪等
并諸所持標示等物也三大尊形即六
根具足佛形四羊石曼荼羅即諸威儀
屈申等也三密者身口意三以六大為諸
法能生之体以四曼為所生之相亦以三
密為所生之用六大遍法界故四曼遍
法界〻〻〻故三密遍法界無体相
用之三法体融即能所卑等非一非
異非實非虚而法爾本有通達三
世是神通和光垂跡本道也加持
門中説詮要用元梵二字可為観
行体凡無教者達立梵字大空三昧

之上故名三摩地之教立即身成佛
故名凡身即佛観自心明珠故名般
若實相々々者我身神形々々者顕心
物神也心者以何ア字本有躰也ア
字者以何與生心品也亦疑間八葉
白蓮諸法實相心理也心理者以何
無念無執大空無相之極理也此名
ア字事言語最頂諸法心地万行源
也諸法無願無染浄以何法無語顕
以言之ア字本不生故自心本不生
々々々々故諸法本来不生々々

曼荼羅身付此字有遮情表徳之
二義顕教名雙非雙照二種中道
遮情者百非洞遣四句皆亡並大般
若経云如此字門是悟入法空邊
際除如此字表諸法空更不可得文
是則空諸法不留一塵表徳者無
邊徳海本来圓満無所闕減三部
諸尊曼荼色心一法無不具足六
大四曼三密智印本有主所妙徳
也此心自性清浄故譬蓮花万徳
圓満故譬満月無畢自在故譬大

圓満於解満月無畏月在於醫大
空摧破惑障鋒金對如此無量無
數文 此教意自本談法喩一解故
於自心觀滿月即身圓明月輪也
觀蓮花自身即蓮花也觀金對自身
即金對也觀寶珠自身即即寶珠也
如是無量無邊形色等亦如是亦問
以何為觀行之要樞凡答所詮以觀
阿字本不生之儀為觀寂頂付不生
義顯密少異顯意一切諸法從妄相
生空々々故本不生文 密教心万
法從阿字生還歸阿字々々生阿字

古勝隆一 著（京都大学人文科学研究所准教授）

目録学の誕生

劉向が生んだ書物文化

京大人文研東方学叢書6

書物をぬきにして中国文化を語ることはできない。その書物は、どのように書かれ、整理され、系統立てられ、そして伝承されてきたのだろうか。前漢にはじまる皇室の図書事業は、やがて独立した「書物の学問」＝「目録学」に発展し、過去から未来へと学問をつなぐ知の集積がはじまっていく。目録学の始祖とされる劉向（りゅうきょう）は、何を考え、何を成し遂げたのか。原資料と先行研究を幅広く渉猟し、目録学の誕生史を描き出す。

■四六判上製・268頁　三、〇〇〇円＋税

ISBN978-4-653-04376-8

同編集委員会 編

新井晋司・川原秀城・武田時昌・橋本敬造
宮島一彦・矢野道雄・山田慶兒

藪内清著作集 全7巻

5回配本

第5巻「科学史／技術史」
第6巻「自然科学史
数学史／医学史」

叡智を極めた科学史の碩学、その全容が明らかになる――科学史の諸領域にわたり独自の史観を打ち立て、独創的な研究を生み出すと共に科学史を一つの学問分野として確立した藪内清（一九〇六―二〇〇〇）。単行本未収録の論文、入手困難な著作を中心に多岐にわたる氏の業績を編む。各巻解題・月報付。

■第5巻　菊判上製・468頁　一三、〇〇〇円＋税
■第6巻　菊判上製・約528頁　予価一四、〇〇〇円＋税

5巻：ISBN978-4-653-04445-1
6巻：ISBN978-4-653-04446-8
ISBN978-4-653-04440-6（セット）

川田牧人（成城大学文芸学部教授）
白川千尋 編（大阪大学大学院人間科学研究科教授）
関　一敏（九州大学名誉教授）

呪者の肖像

呪者に焦点をあてた考察から「呪術とはなにか」という根源的な問いを探る。第Ⅰ部「呪者に会う」で実際の呪者の人となりを語り、第Ⅱ部「呪術にせまる」で呪者のもつ〈わざ〉、呪術の具体像に迫り、第Ⅲ部「呪者と呪術のあいだで」でこれまでの議論を綜合・進展させ、終章「呪者の肖像のほうへ」で総括する。文化人類学必携の一冊。

■A5判上製・[illegible]頁　[illegible]円＋税

ISBN978-4-653-04383-6

日髙真吾 編（国立民族学博物館教授）

子どもたちの文化史

玩具にみる日本の近代

及ぶ膨大な資料群「時代玩具コレクション」。近代化とともに変容する玩具に映しだされた大人と子どもの対話を読み解き、子どもたちをめぐる当時の社会と、さらには文献資料にあらわれない近代日本の新たな社会像を浮かび上がらせる。国立民族学博物館共同研究の成果を書籍化。

■Ａ５判上製・320頁　四、三〇〇円＋税

ISBN978-4-653-04382-9

名古屋大学人類文化遺産テクスト学研究センター 監修
岡田莊司・伊藤 聡・阿部泰郎・大東敬明 編

真福寺善本叢刊〈第三期〉神道篇

初回配本
第2巻「麗気記」

真福寺（大須観音）は、仏教典籍と共に、鎌倉・南北朝時代に書写された数多くの中世神道資料が所蔵されており、研究上比類ない価値を持つ。先の『真福寺善本叢刊』以降に発見された写本をはじめとして構成される本叢刊は、中世神道研究のみならず、日本中世の宗教思想・信仰文化の解明にとって多大な貢献をなすものと期待される。

■第２巻　菊判上製・約500頁　予価二四、〇〇〇円＋税

2巻：ISBN978-4-653-04472-7
ISBN978-4-653-04470-3（セット）

京都大学文学部国語学国文学研究室 編

全巻完結

京都大学蔵 潁原文庫選集

近世語研究を畢生の研究とした潁原退蔵博士が生涯にわたって収集し学んだ一大史料群、京都大学蔵潁原文庫から、従来未翻刻のもので学術的意義の高い稀覯書を厳選して翻刻（一部影印、索引付）、巻末に詳細な解題を付して刊行する。第10巻は「雑書Ⅱ（地誌・随筆Ⅱ）・総目録」。

■第10巻　Ａ５判上製・約440頁　予価一七、〇〇〇円＋税

10巻：ISBN978-4-653-04330-0
ISBN978-4-653-04320-1（セット）

國語國文

京都大学文学部国語学国文学研究室 編

大正十五年（一九二六）の創刊以来、実証的な研究を重んじる立場から画期的な論文を掲載しつづけ、国語国文学の分野に貢献してきた本書は、国語学国文学の最新の研究状況をリアルタイムで発信する好資料である。86巻12号で通巻1000号を迎えた。

■88巻３号・４号　Ａ５判並製　48頁〜64頁　九〇〇円＋税

88巻３号：ISBN978-4-653-04425-3
88巻４号：ISBN978-4-653-04426-0

シピオーネ・アマーティ研究
慶長遣欧使節とバロック期西欧の日本像

小川 仁 著（関西大学アジア・オープン・リサーチセンター博士研究員）

伊達政宗が送り出した外交使節である慶長遣欧使節（一六一三～一六二〇年）がマドリッドからローマに至る際、通訳兼折衝役として半年間同行したイタリア人、シピオーネ・アマーティ（Scipione Amati）の日本像について分析。イタリアのコロンナ文書館での新発見史料を精緻に読み解き、日欧交流史におけるあらたな歴史的視点を明らかにする。

■Ａ5判上製・340頁　九、五〇〇円＋税

ISBN978-4-653-04413-0

日記で読む日本史18

クララ・ホイットニーが綴った明治の日々

佐野真由子 著（京都大学大学院教育学研究科教授）

商法教師として来日した父ウィリアムや家族とともに、日本での生活をはじめたクララ・ホイットニー。明治という時代の激流のなかで時に翻弄されながらも、多くの日本人と交わり、いきいきと新たな社会を生きた少女の目に「日本」はどのように映ったのか。日記に綴られた彼女の暮らしをたどりつつ、明治の空気をリアルに再現する。

■四六判上製・292頁　三、三〇〇円＋税

ISBN978-4-653-04358-4

戦後日本を読みかえる 全6巻

全巻完結

坪井秀人 編（国際日本文化研究センター教授）

1 敗戦と占領
2 運動の時代
3 高度経済成長の時代
4 ジェンダーと生政治
5 東アジアの中の戦後日本
6 バブルと失われた20年

――編者のことば――　〈戦後〉は日本の内から外から、しかもそれぞれまったく違う力学のもとでその終末を迎えようとしているのかもしれない。しかし、このような現在だからこそ、〈戦後〉とはどのような時代だったのかを徹底的に検証し、考え直す時なのではないだろうか。人文学の知をここに集めて、臆することなく真っ向から〈戦後〉を読みかえることに挑んでみたい。

■四六判上製・平均270頁　予価三、二〇〇円＋税

ISBN978-4-653-04390-4（セット）

能生𑖀字所生𑖀字雖百一身不變
實際故不生不滅也又因緣生法遠
離因緣見之時因即法界緣亦法界
所生法是法界也因果共法界故本
来不動實際大論云大乗因者諸法
實相大乗果者亦諸法實相文此本不
生之所本来具足過恒沙心王心數是
云薩般若智是則𑖪字躰以成万
法之性名智此智躰成諸法種子
名為𑖪字故𑖀𑖪二字只衆生一心之
上二徳也云智之時万法皆𑖪字云
理時万法皆𑖀字理智一躰遍法界

[illegible]
倫卌二字徳名[梵字]字是則地居天種
子也一切執金剛神及三世護法善神
等種子色相莊嚴也[梵字]字自任[梵字]字
[梵字]字自任[梵字]字理智不二共諸佛菩
薩種子也疏云住卌乗者初發心
時即成正覺不動生死而至涅槃故
心自證心々自覺 文 亦云不受而受
不到而到 文 無苦無樂真實之樂也
無礙無浄真實浄土也是則己心之浄土
[梵字][梵字]二字徳用也衆生自性之種子諸佛
滿徳之心水也定慧色心二法也開卌知

見之時十[illegible]住已六大四曼三密輪
壇具足法文也森羅万像法々塵々
則法性塔婆幹法尒成道通相也亦
云一切無生色心實相從本際已來
常是毗盧遮那平等智身非是得菩
提時施空諸法使成法界也文
経云言相言語皆是真言身相挙動
皆是密印妄念邪觀。文故以三密觀行
入一尊三摩地之時身則本尊々々
則自身也亦奉六種妙供時其身則其
菩薩也亦結三部五部等印誦明
時自身則其尊也父母所生之肉

時自身則其尊也父母所生之肉
身与法性微細色心融即故一物無
障論麁細者暫約迷悟故疏云生者
生老病死流轉之法假即躰自(主イ)不生
是ア字也文亦見青黄赤白等諸色
皆是成其色觀五佛成五佛故諸尊
三摩地亦復如是況一尊之三摩地
哉自身則ア𑖀字也法性ア𑖀字也
世界從本ア𑖀字也故天地開闢自昔
至今以法爲神奉始伊勢内外大神
三界六欲三十三天及大日本國大

小神祇尊道尊神田言事書璽系
聖與現在生前大利益廣大無邊
大身量神通自在本三摩耶無怖
畏陀羅尼加持三昧一切如来本
地心三世諸佛心神珠大定智恵
般若藏無始終之大神變在々處
々大導師兩宮於文大曼荼羅理
具加持顯密二宗一向内外諸三昧
天文地文大神呪修行觀道皆成佛
道得阿耨多羅三藐三菩提心文

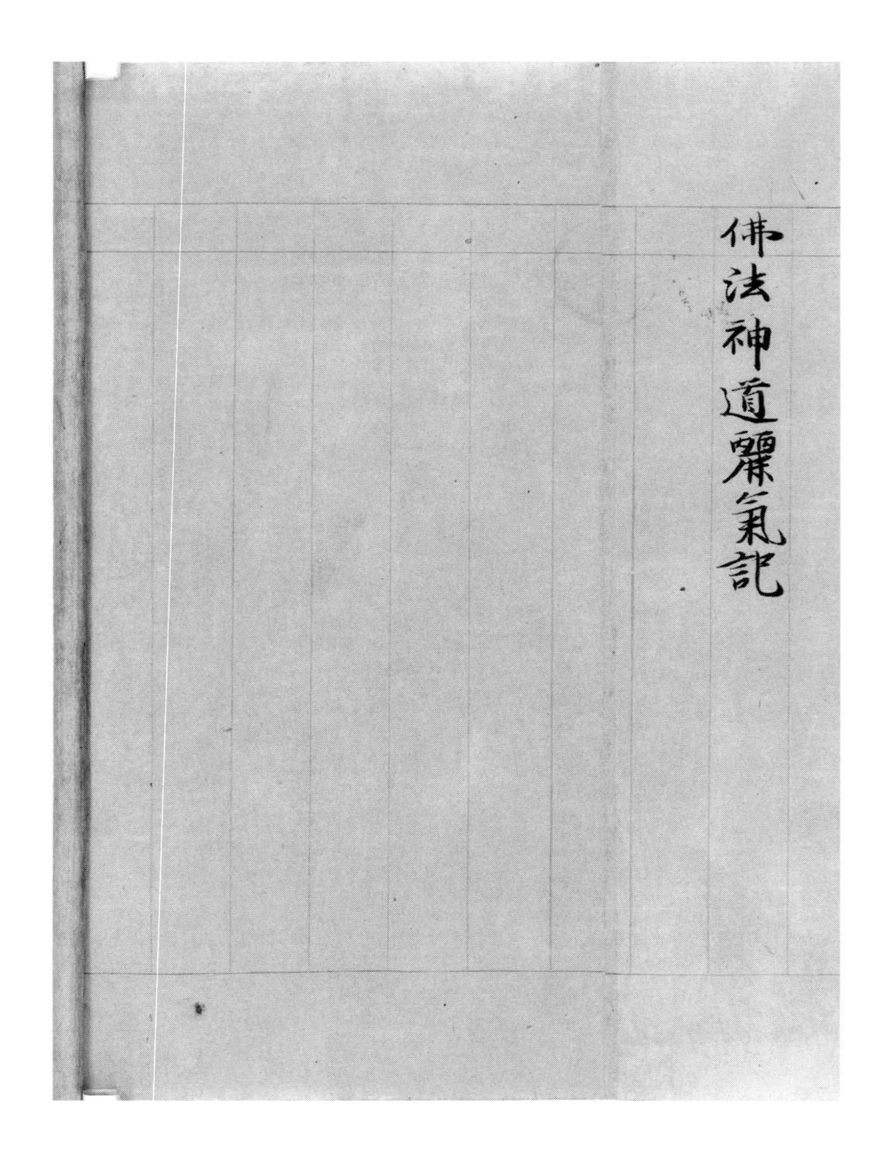
佛法神道麗氣記

影印

神体図記　64㈺合1号1

神體圖記　一

茅六十四合

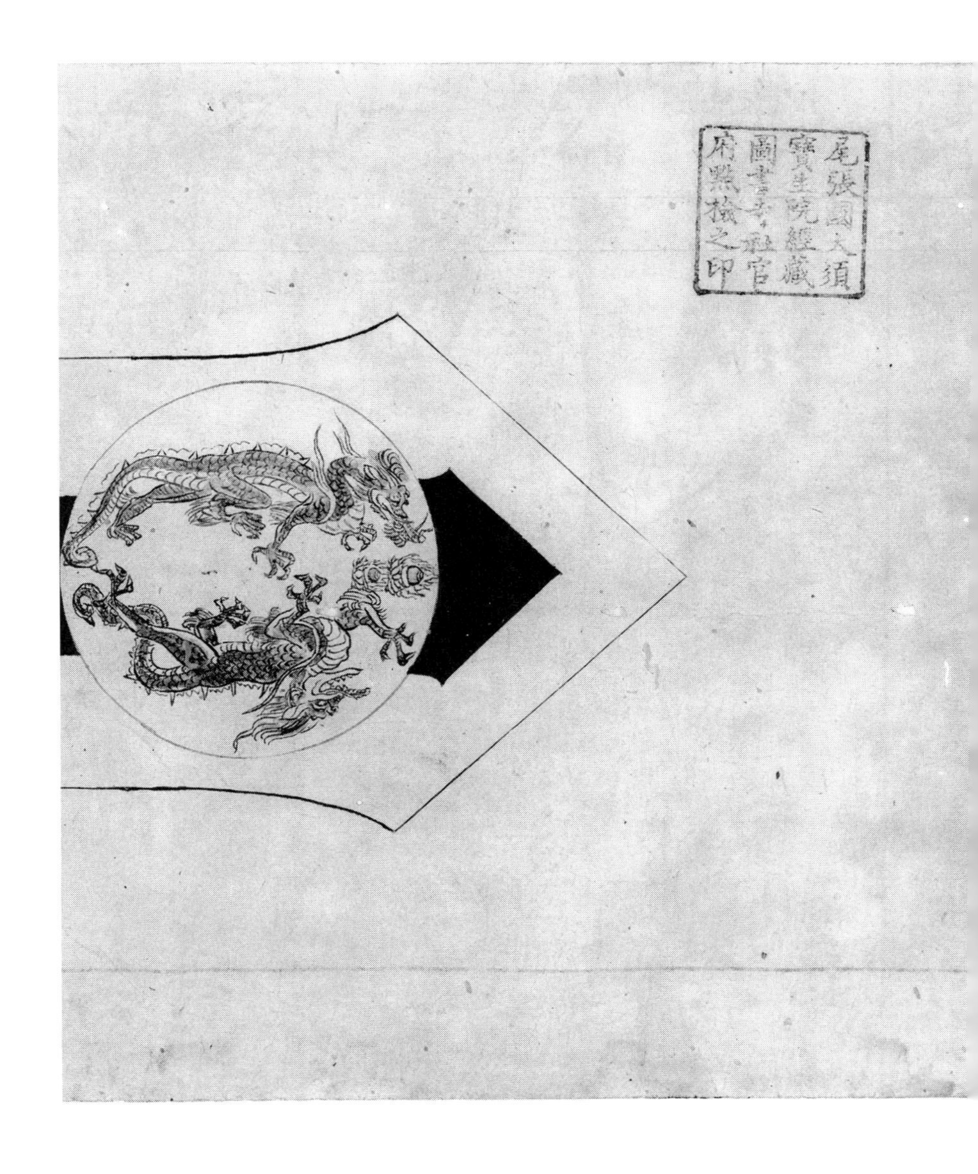
尾張國大須
寶生院經藏
圖書寺社官
府點檢之印

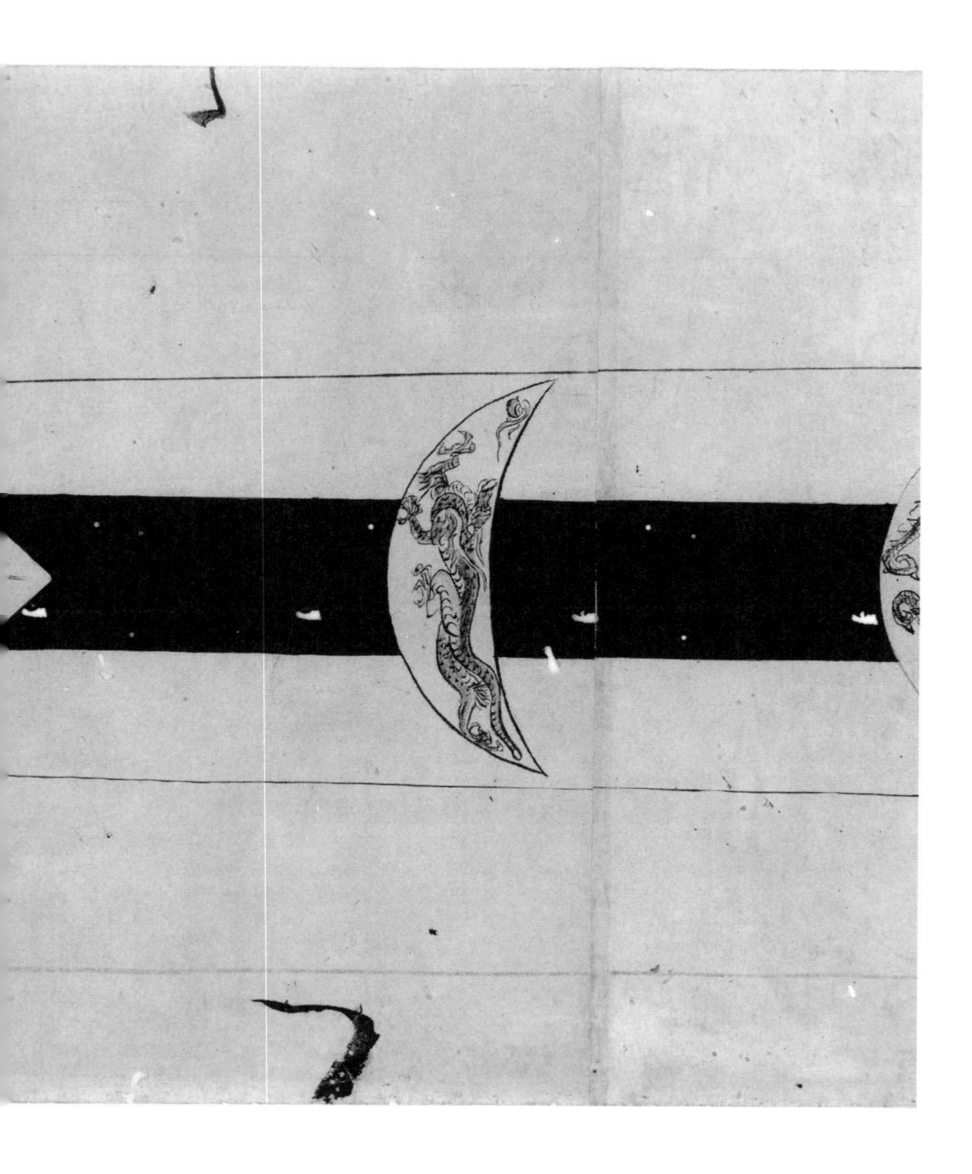

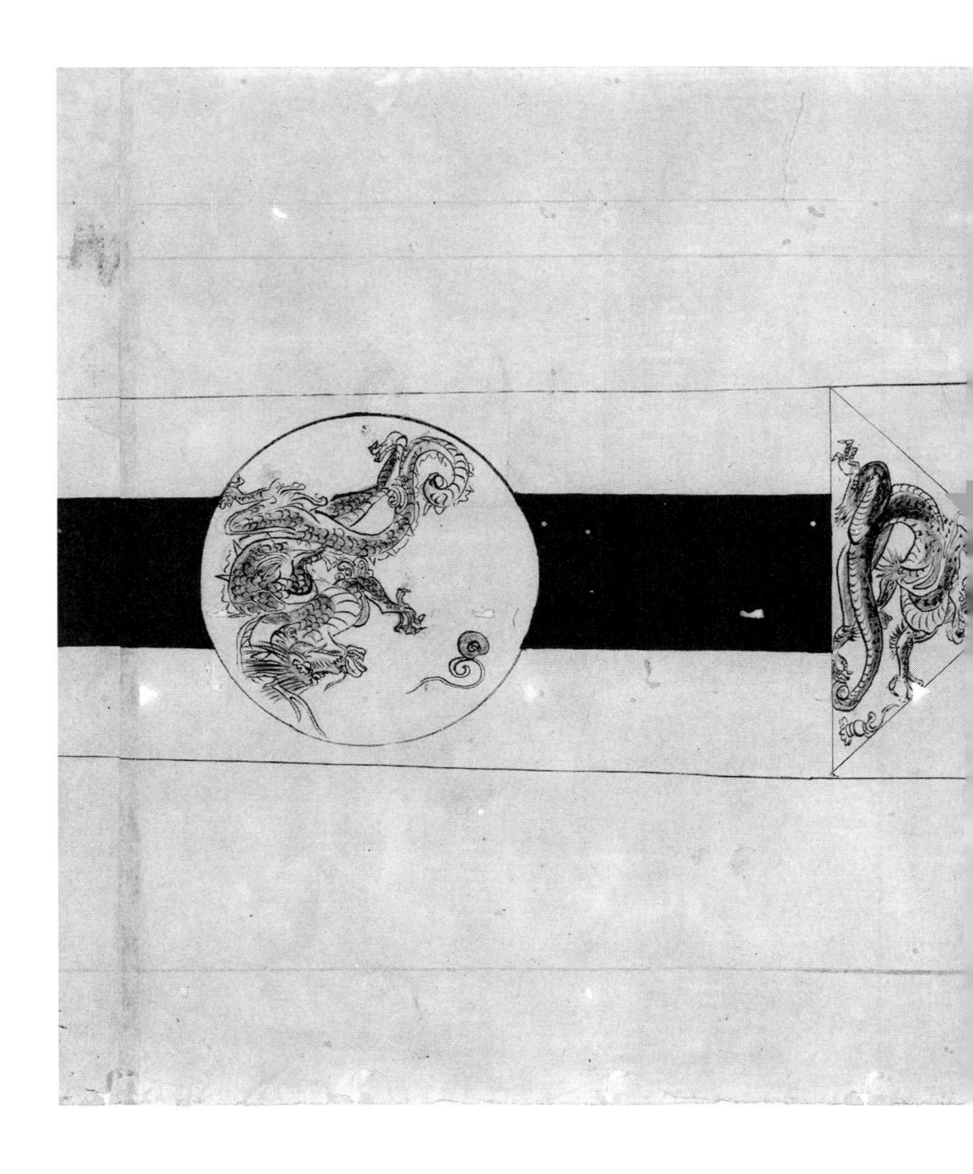

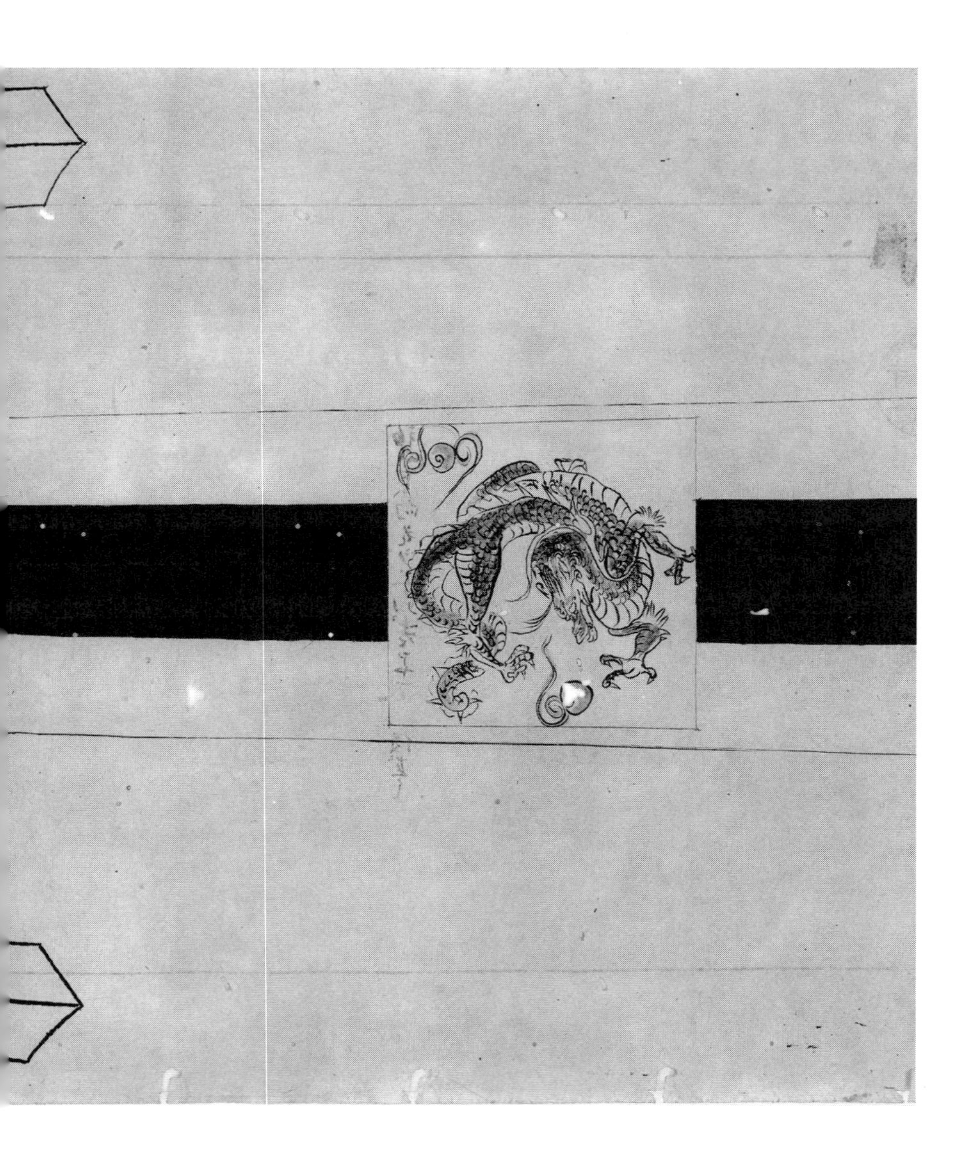

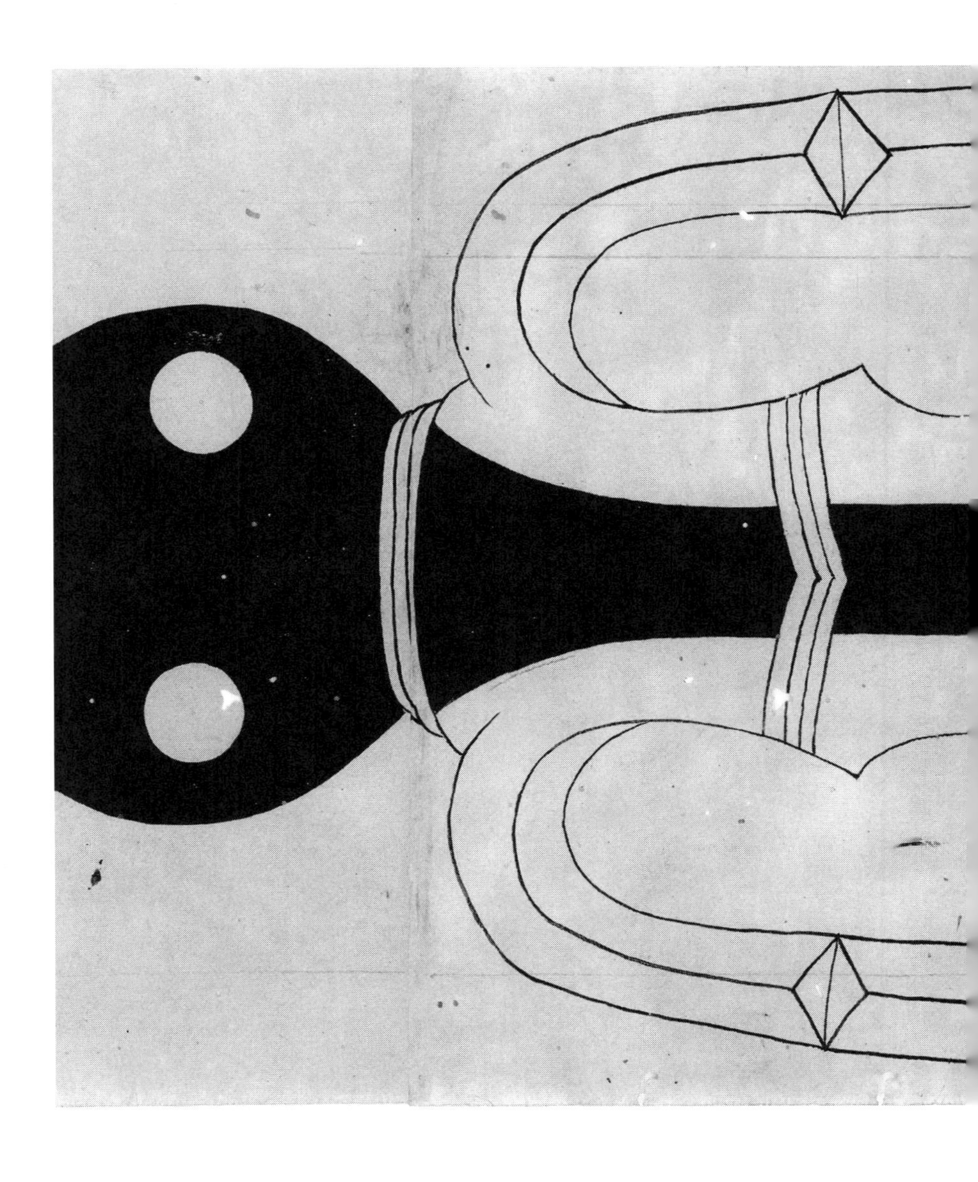

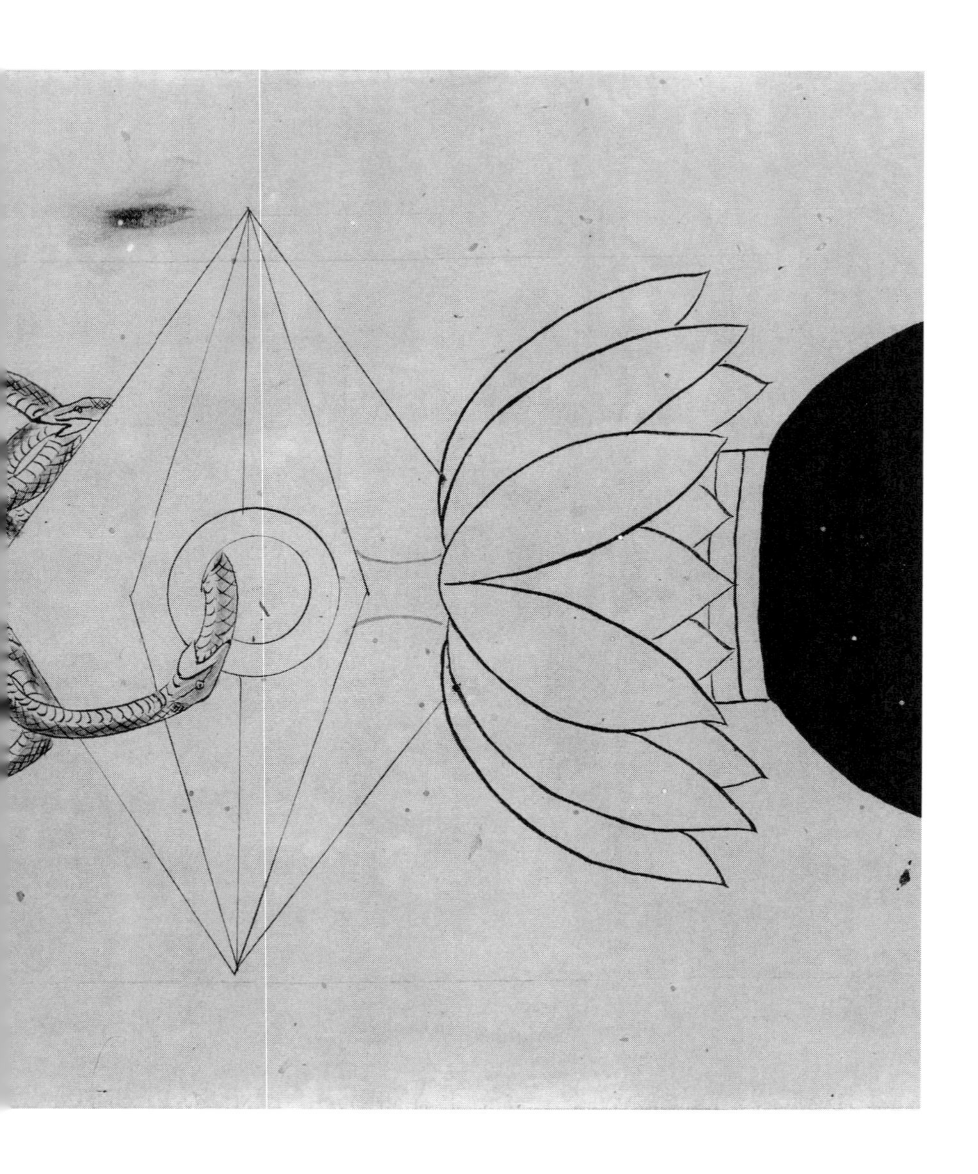

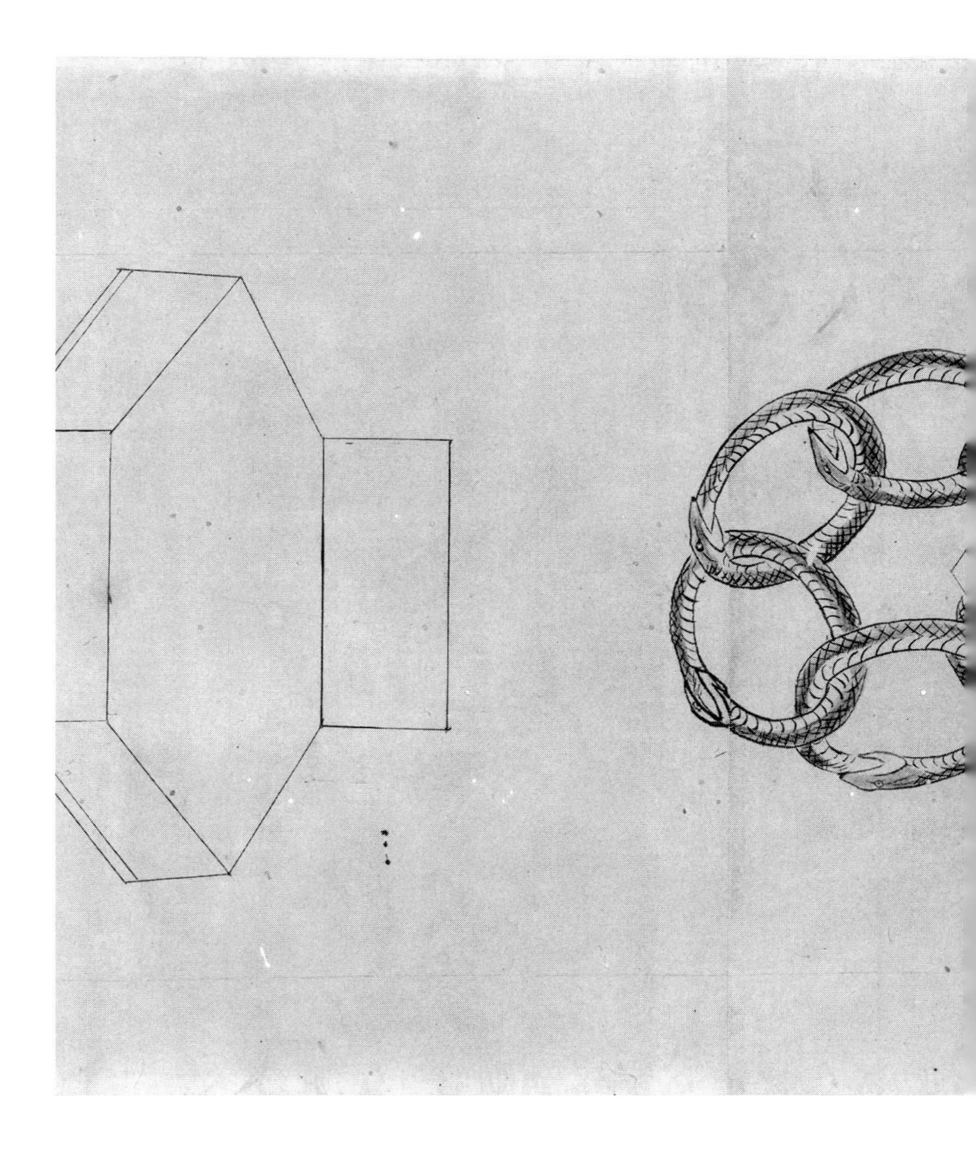

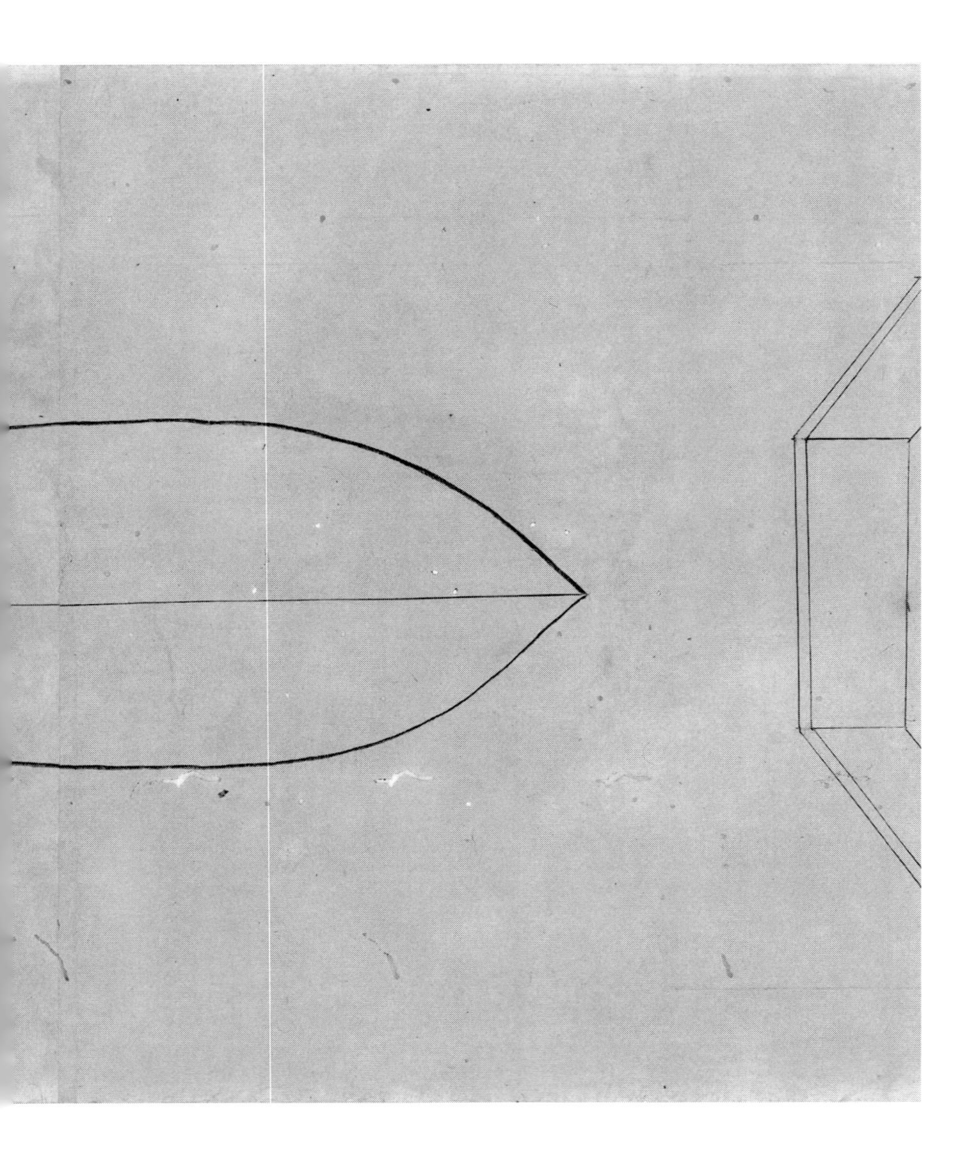

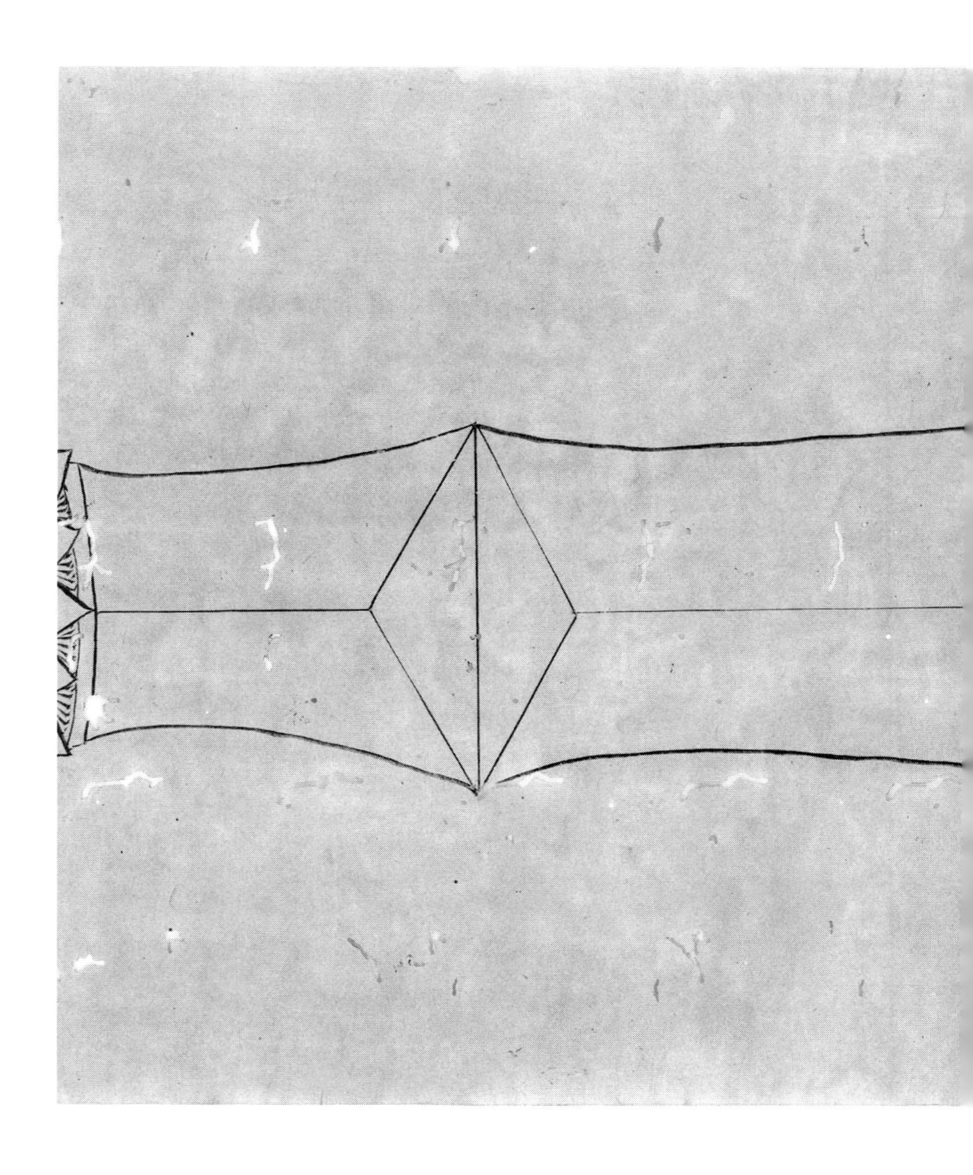

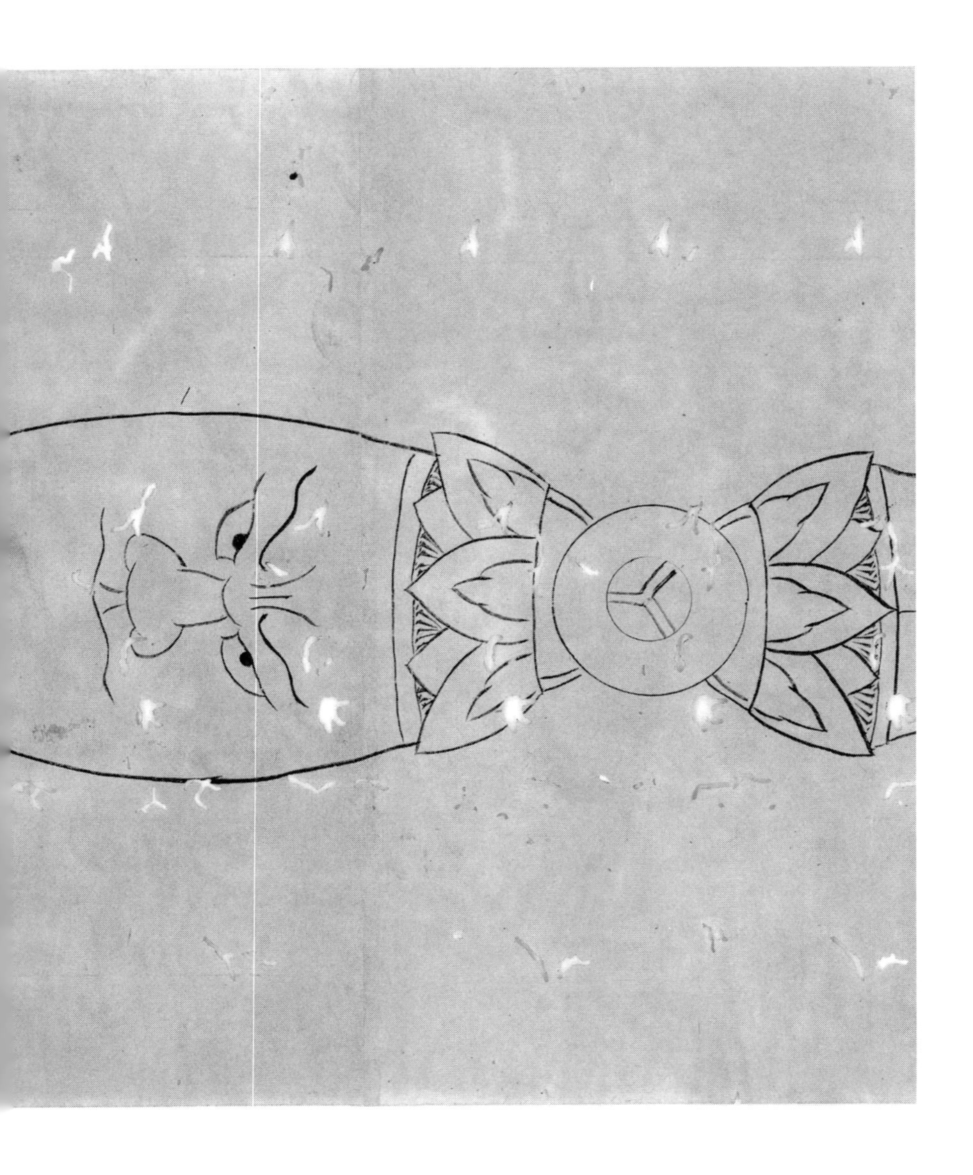

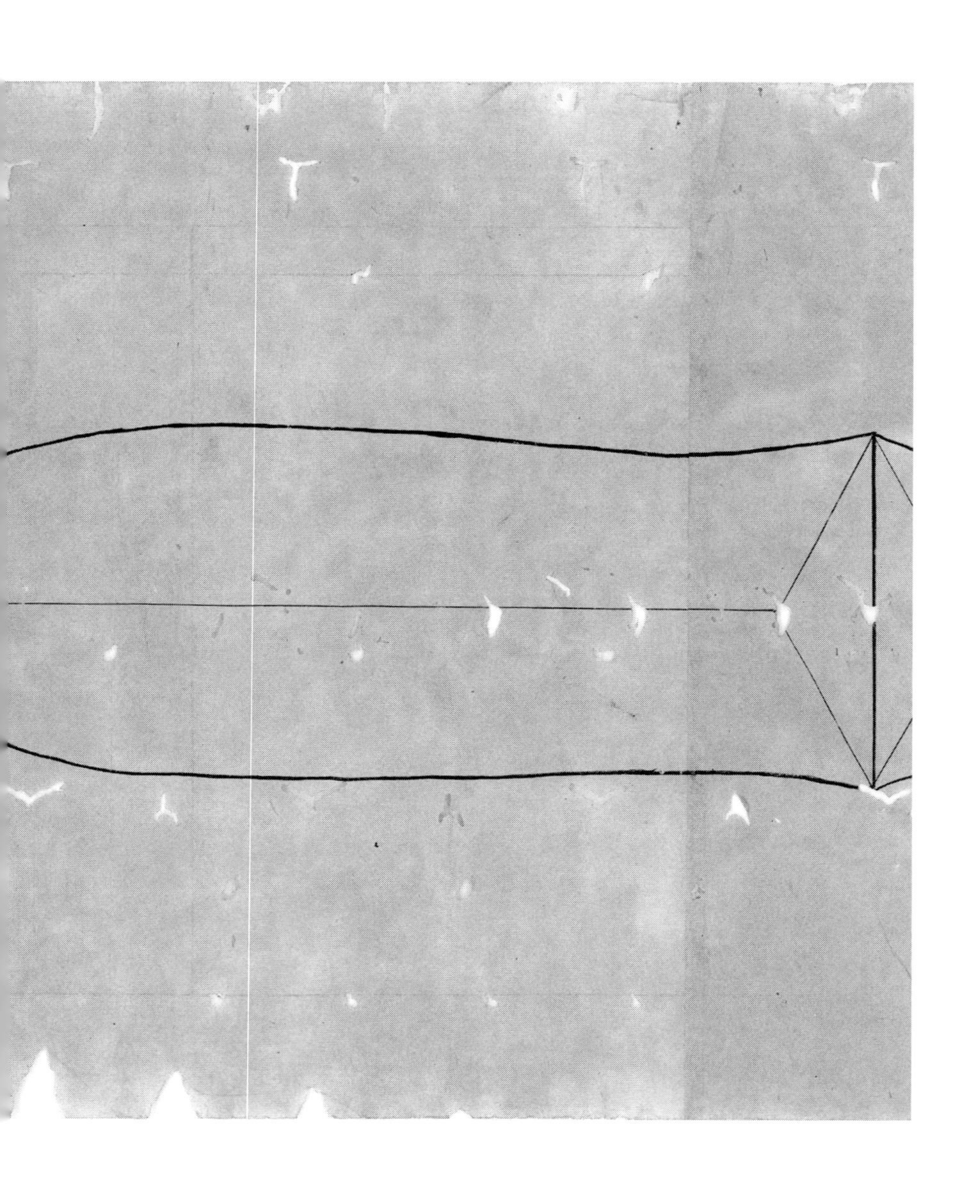

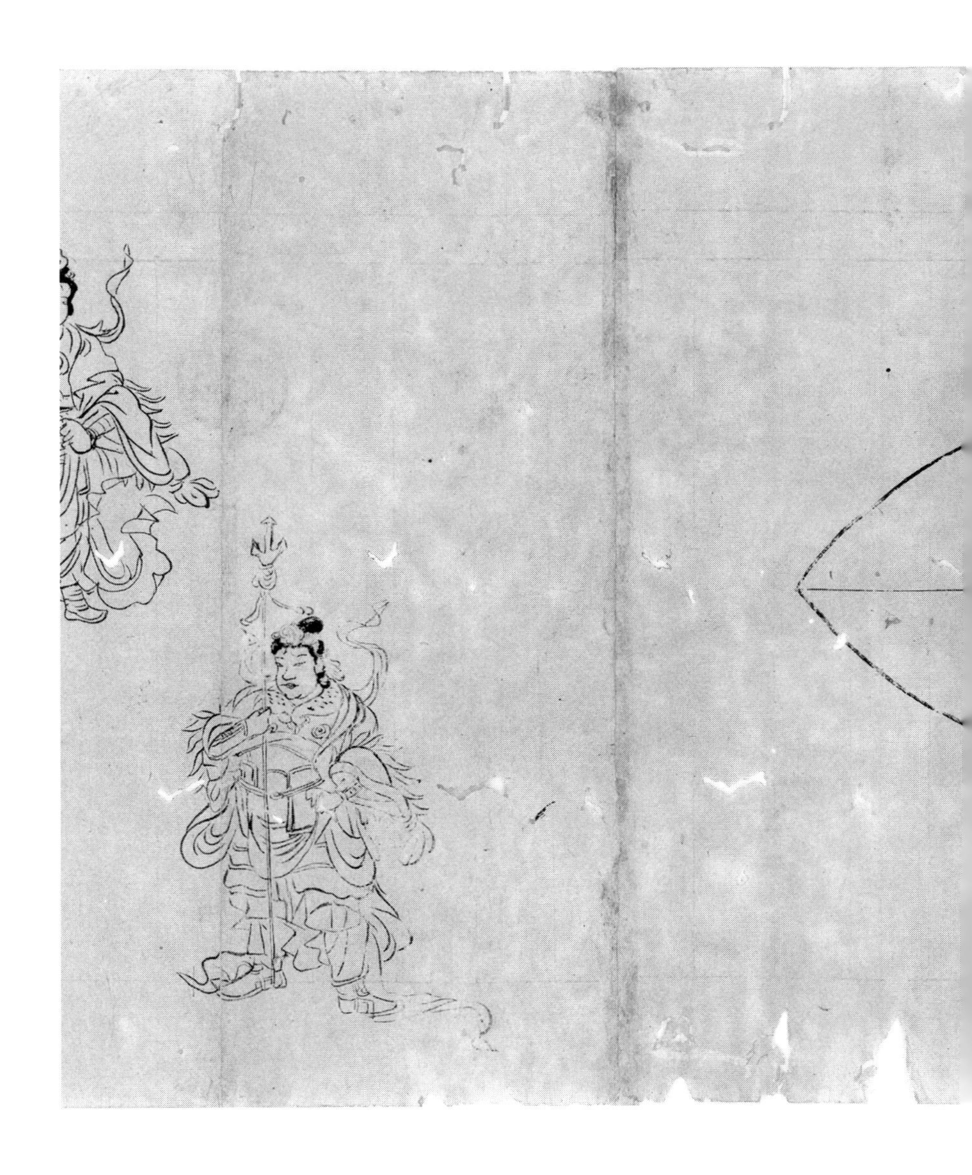

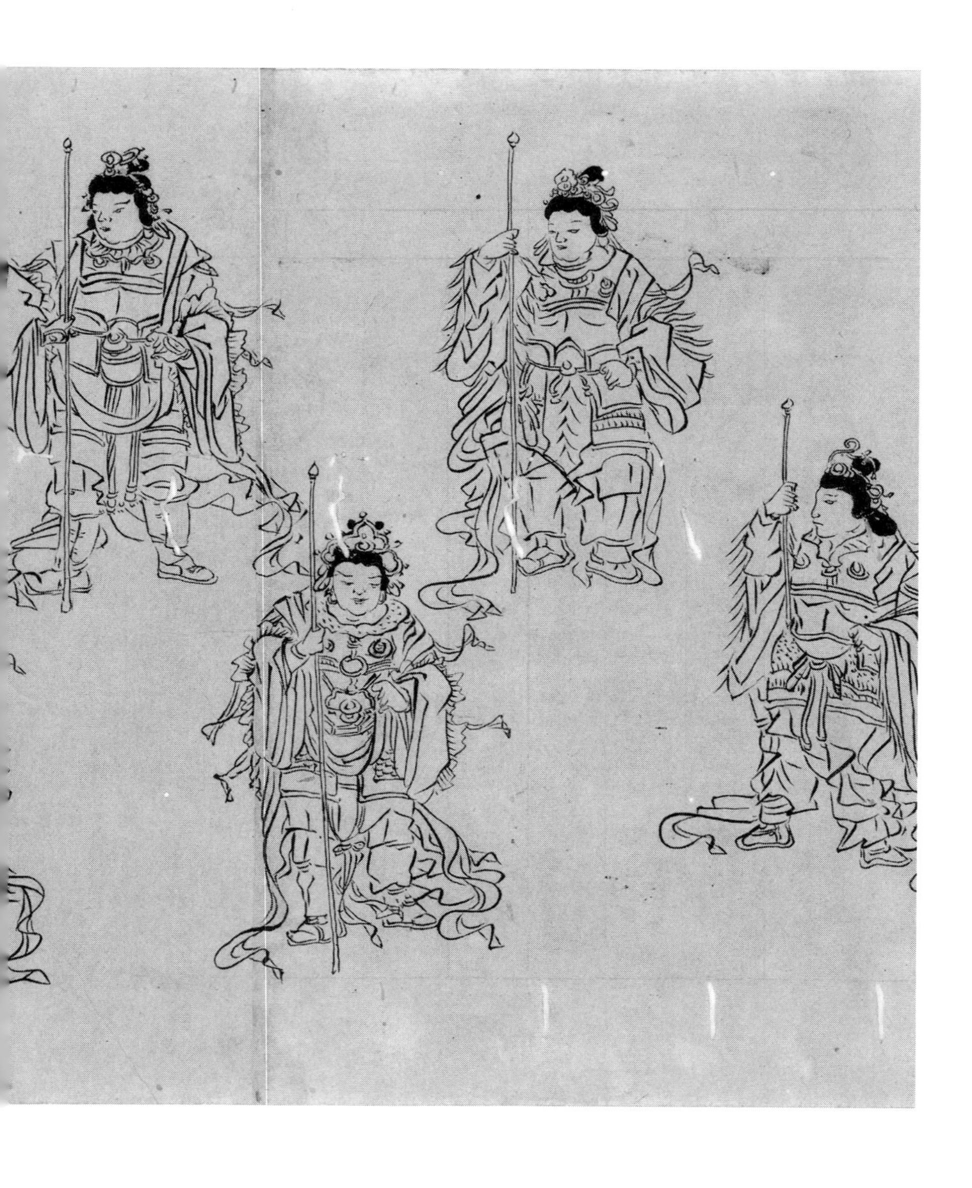

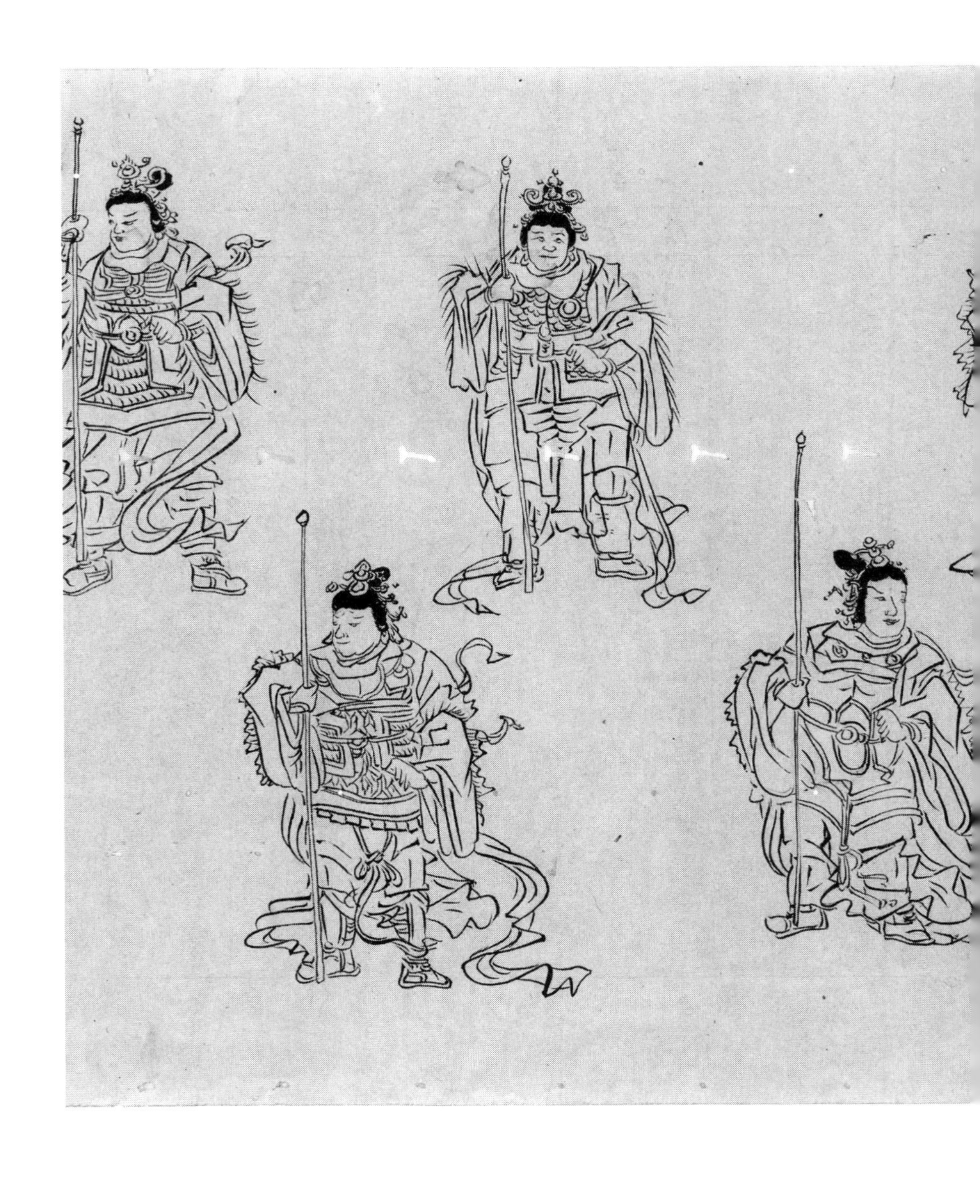

神体図記　64㈶合1号2

神體圖記
第六十四合

尾張國大須
寶生院經藏

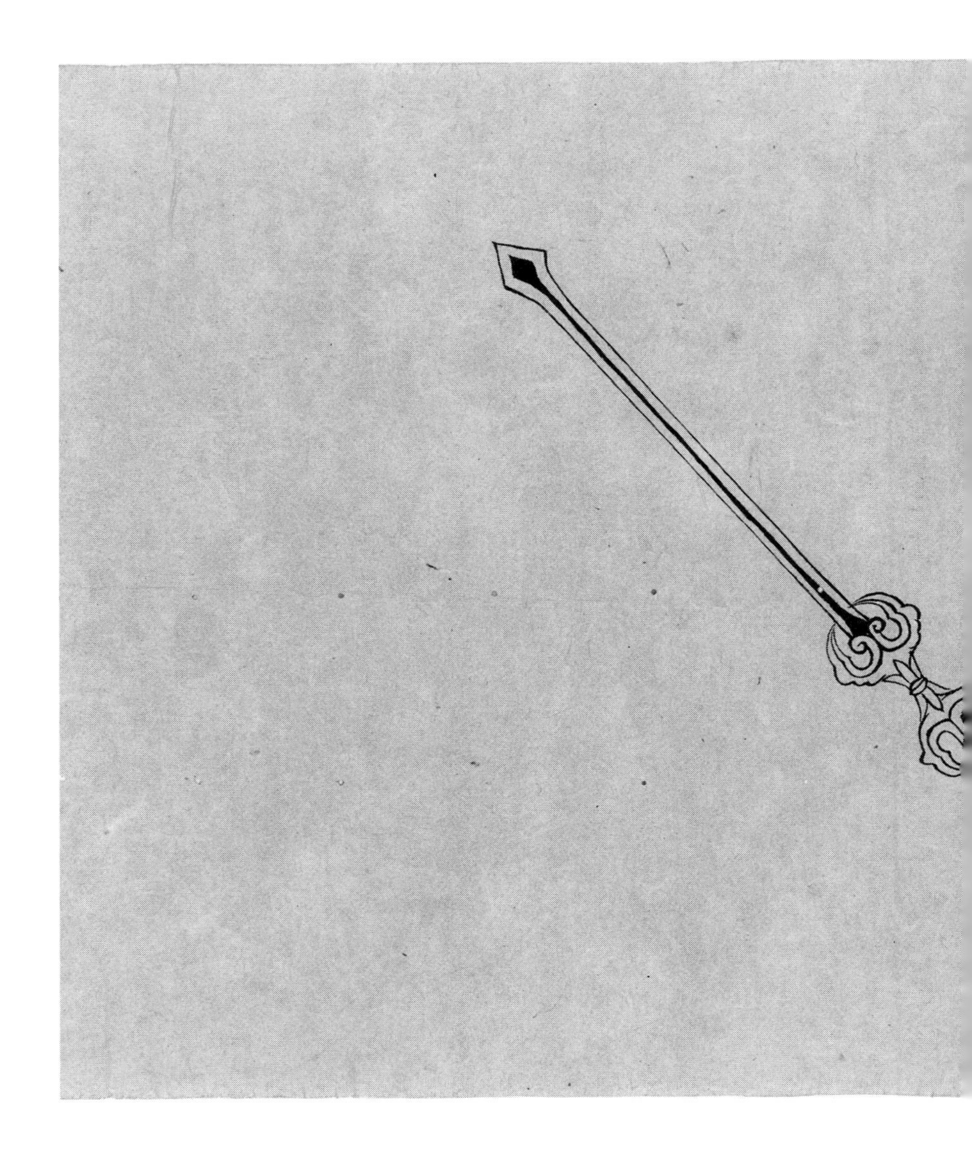

神体図　64㈸合21号

神體図

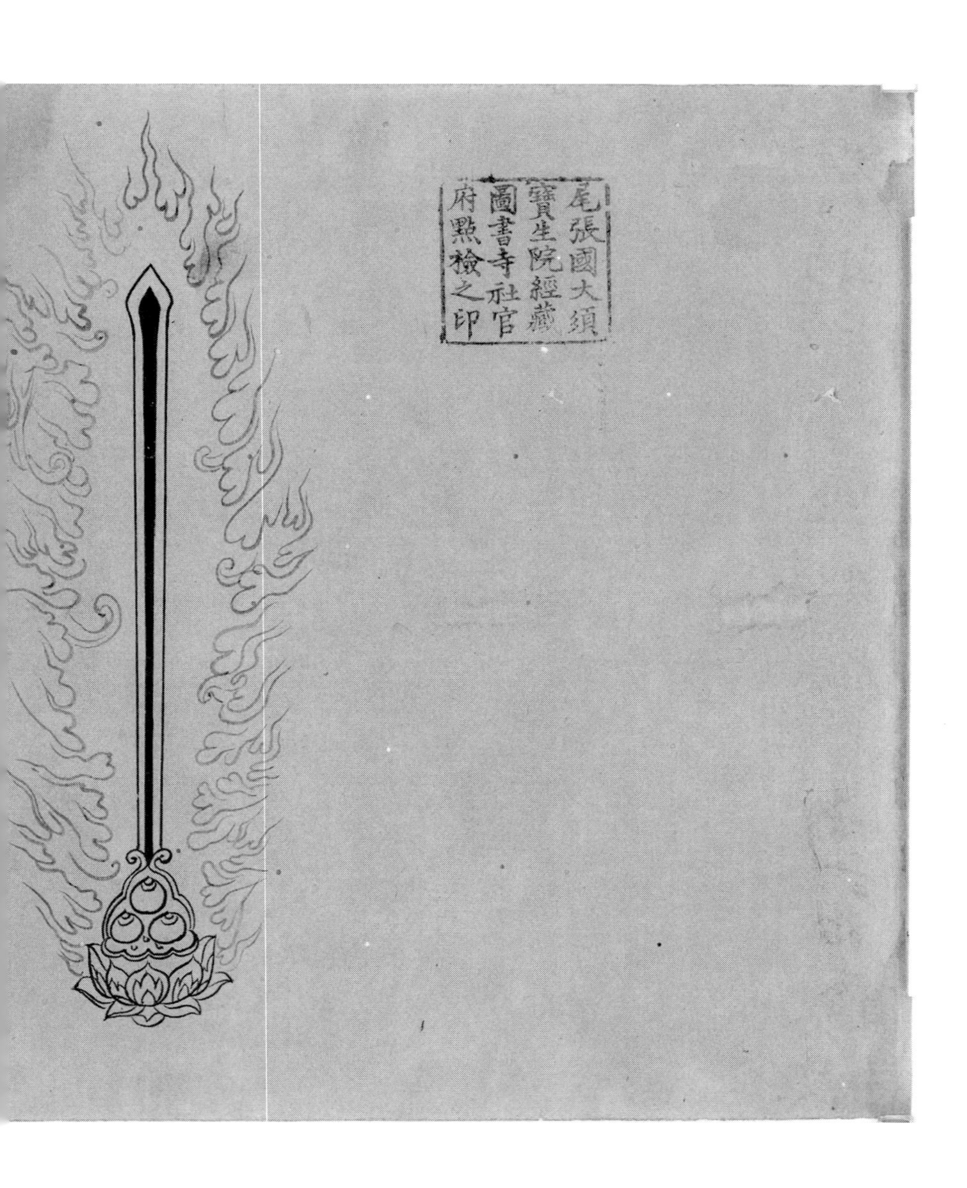
尾張國大須
寶生院經藏
圖書寺社官
府點檢之印

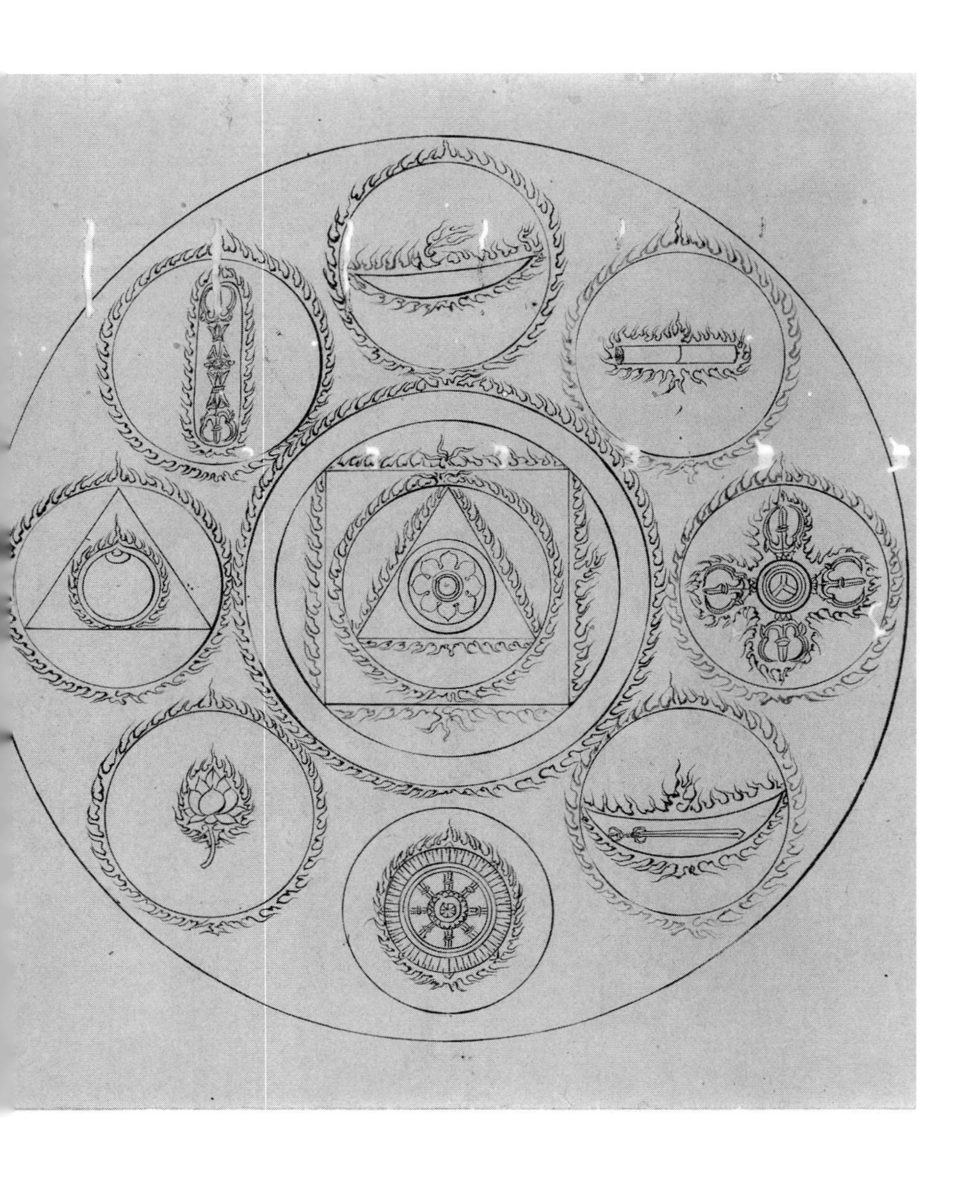

麗気記〔副本〕

影印

天地麗気記　64㈹合4号2

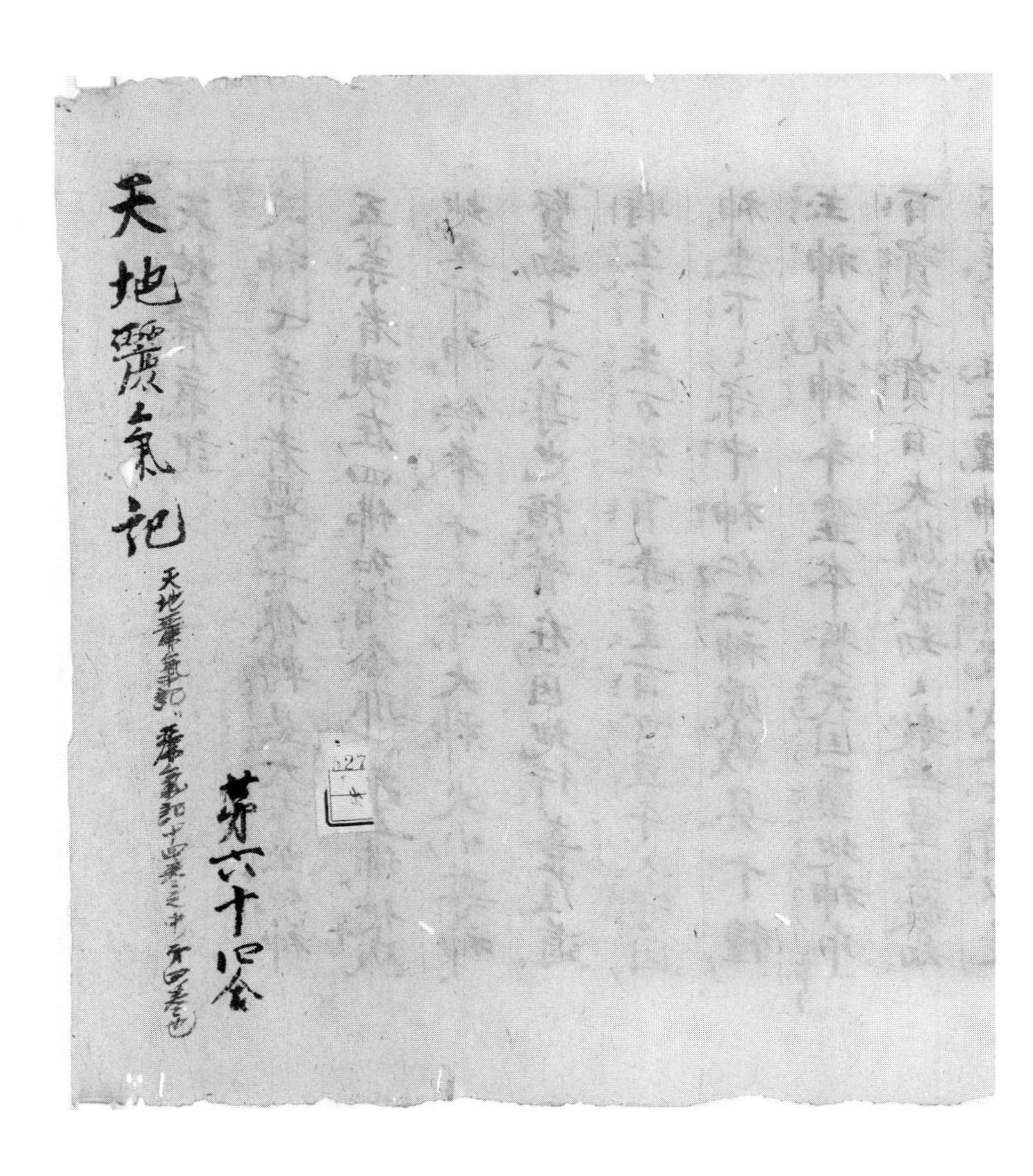

天地麗氣記

天地麗氣記
天神七葉者過去七佛轉星天七星地神
五葉者現在四佛加増舎那為五佛化成
地五行神供奉十六等大神大小尊神
賢劫十六尊也憶昔在因地行菩薩道
時生千生万從百葉重百世亘千人守国
神坐下々守中神仁王神賊戦具十種
玉神鏡神本霊本覺天国璽地神印
百寶千寶百大僧祇劫々數無量無數劫

不變常住三種神物餘置我五世時以是
為尊重相並可奉崇敬本御霊金也如意
寳珠為浄菩提宝珠是國常立尊心神本
有滿字御形文也法中大毘盧舎那佛此
佛其身所五百執金剛神左右侍立常恒三
世衛護此五百執金剛神各有五百金剛神
各持
伐折羅螺白杖　無量解鐍　無量真陀摩尼
無量百僧祇戦具無量　摩尼々々摩訶摩尼　無量
鳴物　等重々層樓重々塀内重々塀外仙
畨々守之星宿夜々坐之令付精進仁福
令蒙穢悪者罸是名神之神亦名

令蒙穢悪者罰是名神之神亦名
天地鏡或名辟鬼神
国狭槌尊　毗盧舎那佛
豊斟渟尊　盧舎那佛
此二神浮天跡地報應二身青黒二色寶
珠也青色者衆生果報寶珠黒色者無明
調伏寶珠三神々菓木国漂蕩状貌如
鶏子漸々力々時一十々々時有化生之神
乗浮經此浮經者葦菓今獨胎金剛也
此國者獨股金剛上生成ト古成大日本州
此王人罰時擴成許時下卧共時三之

以本當可得意

埿土煮尊　毗婆尸如来　　沙土煮尊　尸棄如来

大苫邊尊　毗舎羅如来　　大戸之道尊　拘留孫如来

面足尊　拘那含牟尼如来　　大富道尊　釋迦牟尼如来

惶根尊　弥勒如来

伊弉諾尊金剛界俗躰男形如馬鳴菩薩

乗白馬手持行一切衆生善悪量之

伊弉冊尊胎蔵界俗躰女形但如阿梨樹

王乗荷葉説法利生唯如釋迦如来　權

亘百千山川寶位大日本國金剛寶山化坐

両宮心柱上流周遍法界示理矣

两宮心柱上諦周遍法界深理矣
側聞本在以降二界遍照如来為幽契所
産一女三男一女天照皇大神地神始玉
靈鏡大日靈貴端嚴義霊坐下轉神變
向下随順此時御氣都神与尸棄光天女
文同會中立上下法性下来給
光明大梵天王尸棄大梵天王一躰無二
擔願合掌在上時功徳無上下化時功徳無
等神寶日出之時二神大神豫結幽契
永治天下言宣肆或為日為月永懸太

空不落照一四天下与無量梵摩尼殿以
降建正覺正知成真如宮建立三界于時
以清陽者為天以重濁者為地和曜與一二
定後以天為神以地為仁百億万劫間九
山八海無主時第六天佯舎那魔化修
羅毘遮那魔醯修羅鳴動忽然無天下魂
此時遍照三明月天子下成堅牢地神国
平思食事八十万劫其後瑠璃平地聚葉
塵生五色地漸草木生指花成菓落
成種子々変成有情々々中有凡聖依元
初一念凡聖分現遍照三明月天子開敷八

神[illegible]
蓁蓮花是名大空無相日輪是名如如
安樂地亦名大光明心殿亦名法性心殿
亦名伊勢二所両宮正殿者也自性大三昧
耶大梵宮殿表文也
伊弉諾伊弉冊二神尊持左手金鏡陰生
持右手銀鏡陽生名曰日天子月天子是一
切衆生眼目坐故一切火氣變成日一切水
氣變成月三界建立日月是也于時以
瀛都鏡邊都鏡為国璽尊靈而日神月
神自送于天宮兩照亦合給矣
正哉吾勝々速日天忍穂耳尊

天照大神捧八坂瓊曲玉於大八州為本霊
鏡火珠所成神也
天津彦々火瓊々杵尊
天照大神ノ太子正哉吾勝々速日天忍穂耳
尊娶天皇天御中主神太子高皇産霊
皇帝女栲幡豊秋津姫命生天津彦々
火瓊々杵尊謂高皇産霊尊者為豊葦
原中津水穂国主王光明天子也
尒時八十柱諸神日中国初拜天下尊無
主非真應者不能治之誰神斗神達白皇
孫杵獨王也可以尊此大神也皇孫尊為

孫杵獨王也可以奠此大神也皇孫尊座
中国皇三十三天之諸摩軍障為去所稱
玄龍臥追真床之縁錦衾八尺流大鏡赤玉
寶鈴草薙八握剱而壽之日嗟呼汝杵敬
兼吾壽手抱流鈴以御無窮無念爾祖吾
在鏡中矣
御餘寶十種神財者
瀛都鏡一面　天字五輪形
　豊受皇大神　地字圓形外縁八葉形
邊都鏡一面　天照皇大神　天村雲剱者草薙剱
八握剱一柄　八葉形表
生玉一　如意寶珠火珠
[illegible]

死玉一
足玉一　文上字表
道反玉一　文下字表
蛇比礼一枚　木綿本源白色中字表
蜂比礼一枚　一字表
品物比礼一　寶冠
如是十種神賊者爲一切衆生受與之如守
眼精魂魄無二一心玉生平等不二妙文也
一二三四五六七八九十者一切衆生父
母天神地祇寶也亦波瑠布由良〻〻
而布瑠部由良〻〻由良止布理部

而布瑠部由良〻〻由良止布理部
金剛寶山呪也法中縛日羅駄都鑁阿
尾羅吽欠阿縛羅佉〻
[梵字]
波瑠布由良〻〻
[梵字]
而布瑠部由良
[梵字]
由良止布瑠部
天照皇大神持寶鏡而祝之宣久吾兒視
此寶鏡當猶視吾可與同床共殿以為齋

鏡寶祢之隆當與天壌無窮矣則授八
坂瓊曲玉及八咫鏡草薙釼三種神財永
為天璽地玉天不言地不言自永劫至永
劫不變荷負八咫瓊之句玉及白銅鏡行山
川海原挿草薙釼腰平悪事吁天
兒屋根命所持金剛寶柱中誦亀葉文
為淨事如元令成給伏乞矣
彦火々出見尊
天津彦々火瓊々杵尊第二王子母木
花開耶姫大山祇神女也上奉物如
左

ヒコナキサタケウカヤフキアワセスノミコト

左

彦波瀲武鸕鷀草葺不合尊

彦火々出見尊太子　母豊玉姫海童二

女也奉渡如左

九天照太神天地未分之時現日月星

辰像照虚空之代神足履地而與于天

瓊戈於豊葦原中国上去下来而鑒

六合治天原耀天綏皇孫杵獨王人壽八

万歳時筑紫日向高千穂槵觸之峯天

降坐以降迄至于彦瀲武鸕鷀草

葺不合尊終年三年治百七十九万二

一

千四百七十六歳也
允神陰陽大神等五大龍五百大龍王首
坐面白者如天帝釋梵王 以下在別記
神日本磐余彦天皇
彦波瀲武鸕鷀草葺不合尊第四子也
母玉依姫海童之太女也日本人皇始天
照太神五代孫也庚午歳誕生
天皇草創天基之日任皇天之嚴命
八柱霊神式為鎮御魂神以来上則合
乾霊授国之徳下則弘皇孫養正之心
是神一徳益潦四海和光歟普浮八州

是神一德益謀四海和光影普浴八州
能赦君臣上下悉除八苦煩惱天壊無
窮日月長久夜守月護幢幸生坐揩
言孔聖也故八有万神等之中以八柱
御魂神爲天皇玉躰春秋二季齋祭
也惟魂元氣也清氣上齋爲天神濁
氣流下爲地祇清濁之氣通爲陰陽爲
五行陰陽共生於万物之類是水火精
也陽氣生曰以名魂爲心故以安靜爲
命是道本也神故名神魂也陰氣爲
意爲性故名精魄也故祭八齋神靈則

世間若樂皆是自在天神之作用廣大
慈悲之八心即續生之相眞實而無長
鎮坐大元神地如湯津石村長生不死
之神應慮謹請再拜國家幸甚々々

天地麗氣記

三界表麗気記　64㈹合12号2

三界表麗氣記
下化俗眛者當下持本鏡光明大梵天
王娑婆世界本主天地開闢時定清天
定濁地以淨為上以穢為下定上下以
降有迷悟有差別立有無二見已法性
法介道失自性光明欲令知之從耳梵
王三十六人供奉神下向娑婆世界所鉾
鳴鏡迴道時聞聲知物文已上
寶山記
大梵天王常恒說法

入文受与男初度[梵字]入文
受与女後度大梵天王是名金剛界大
日入文誦[梵字]衆生一心
種子也生佛不二神呪也名詮自性明[梵字]
[梵字]
下化俗躰者當下持本鏡尸棄大梵天
王娑婆世界本主也三十二梵衆天眷
屬供奉下化入新宮受与己心法降化時
入文[梵字]授与女之初度入文
[梵字]授与男之後度大梵天
王是名胎藏界大日定時誦[梵字]

王是名胎蔵界大日定時誦[illegible]

名詮自性明[illegible]如是両部一

會和合常住不変妙躰也不可定前後

難分両部不二不思議妙用三千即一

神祕也 已上天札抄文也

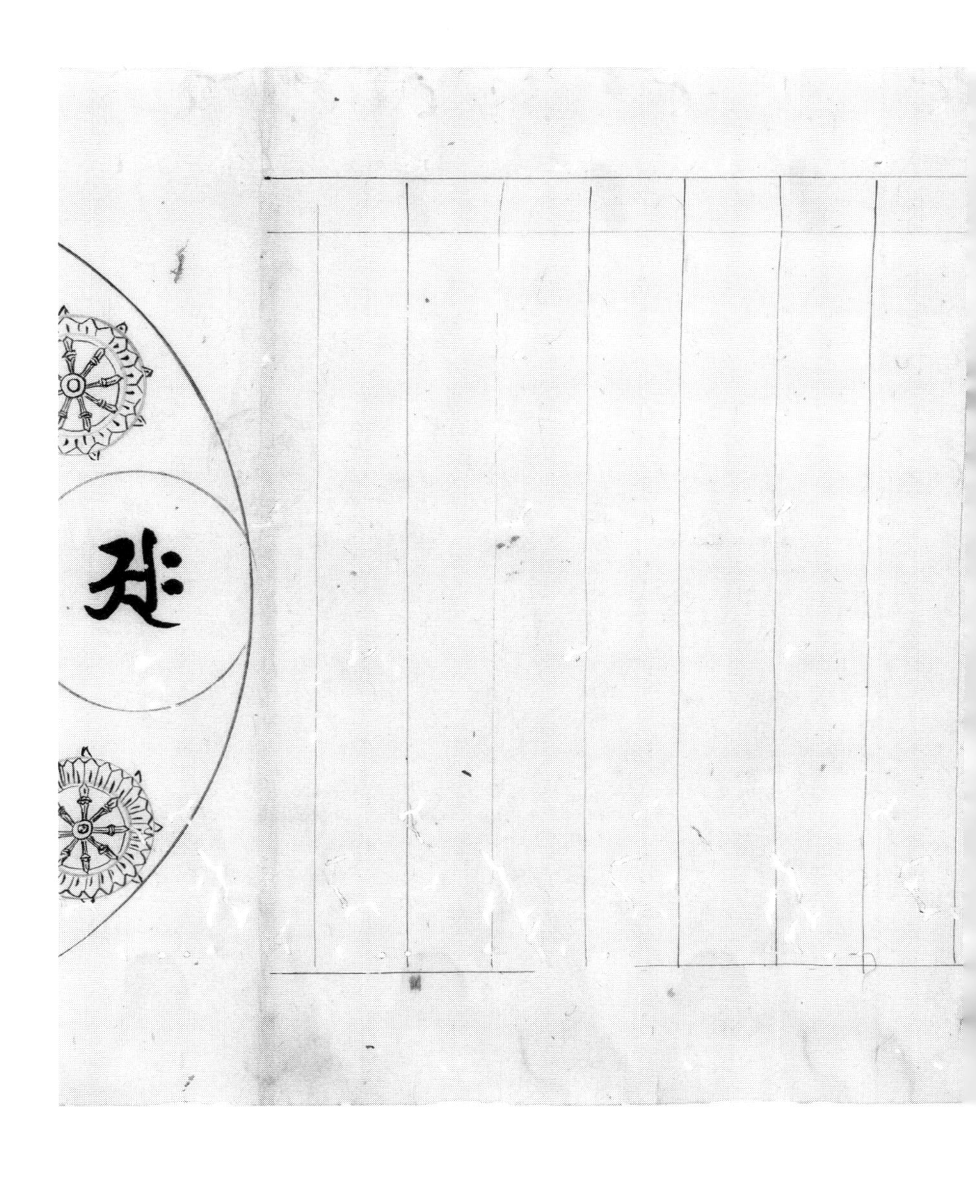

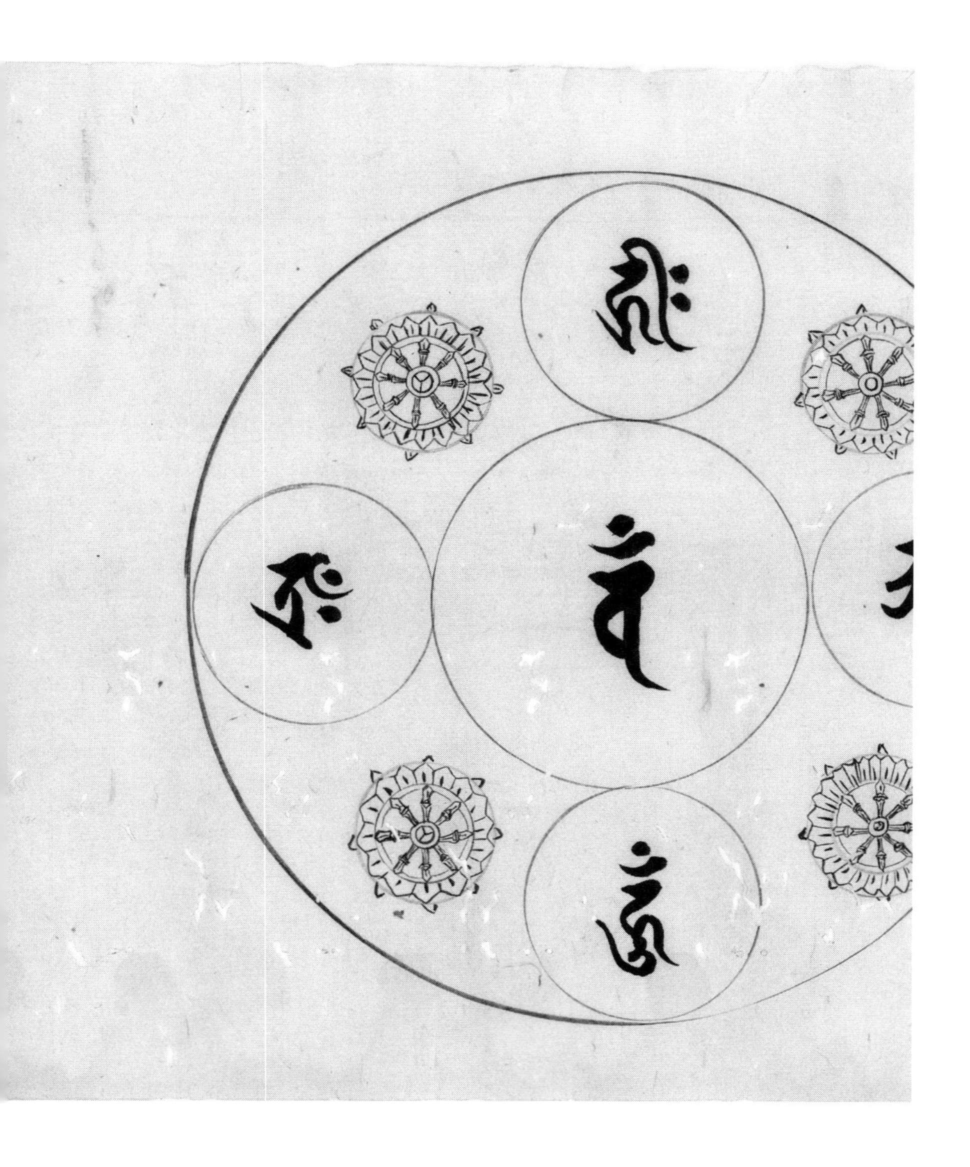

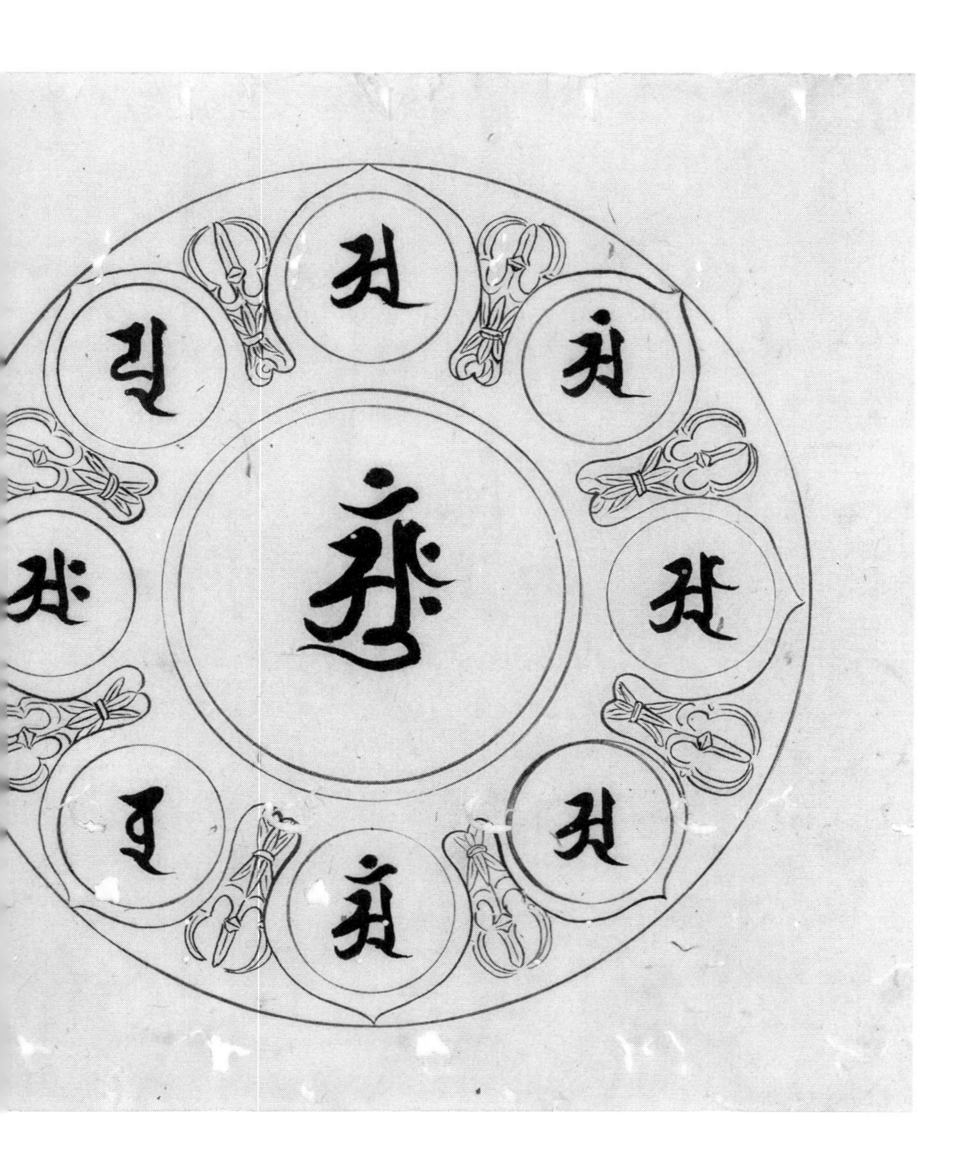

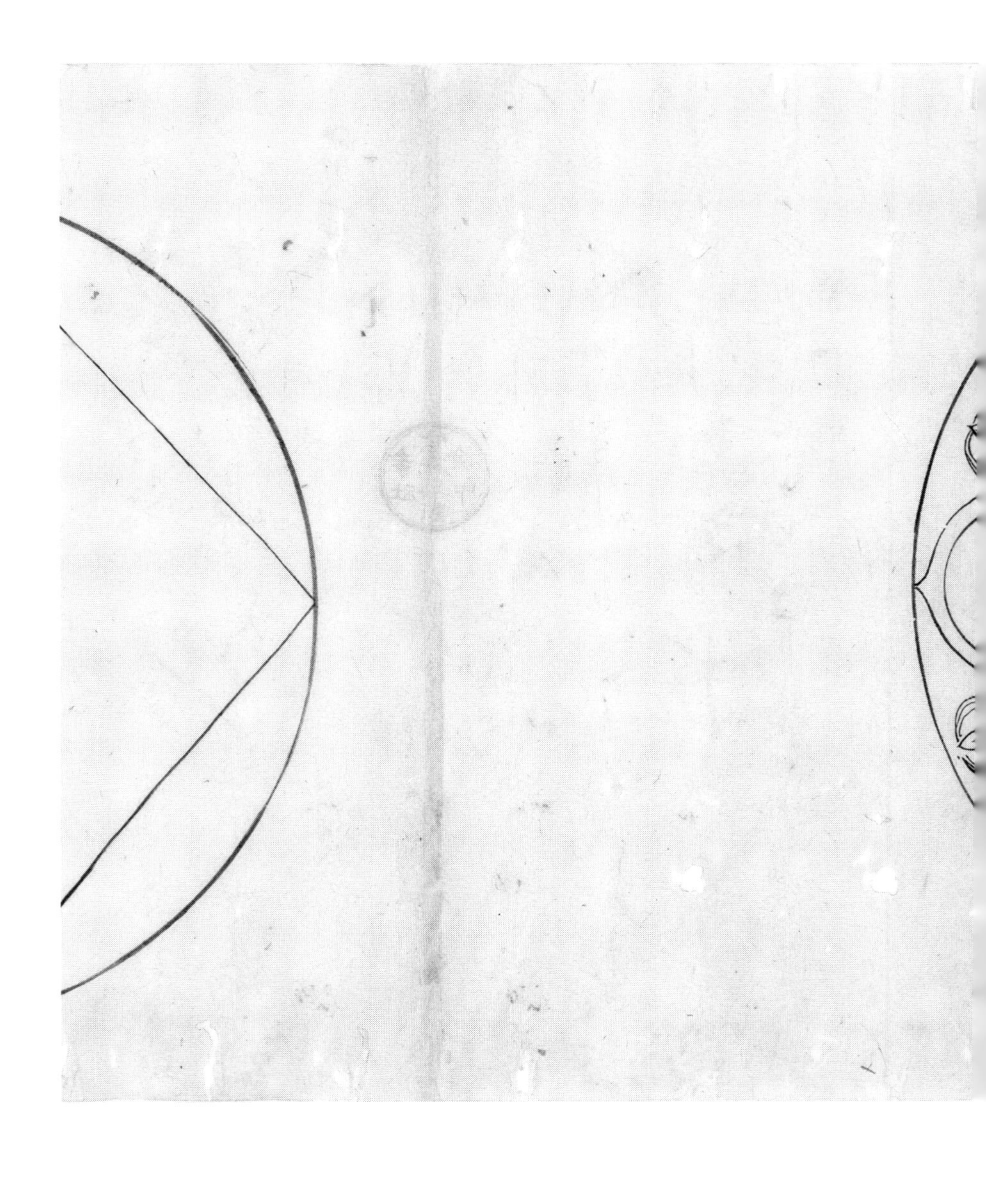

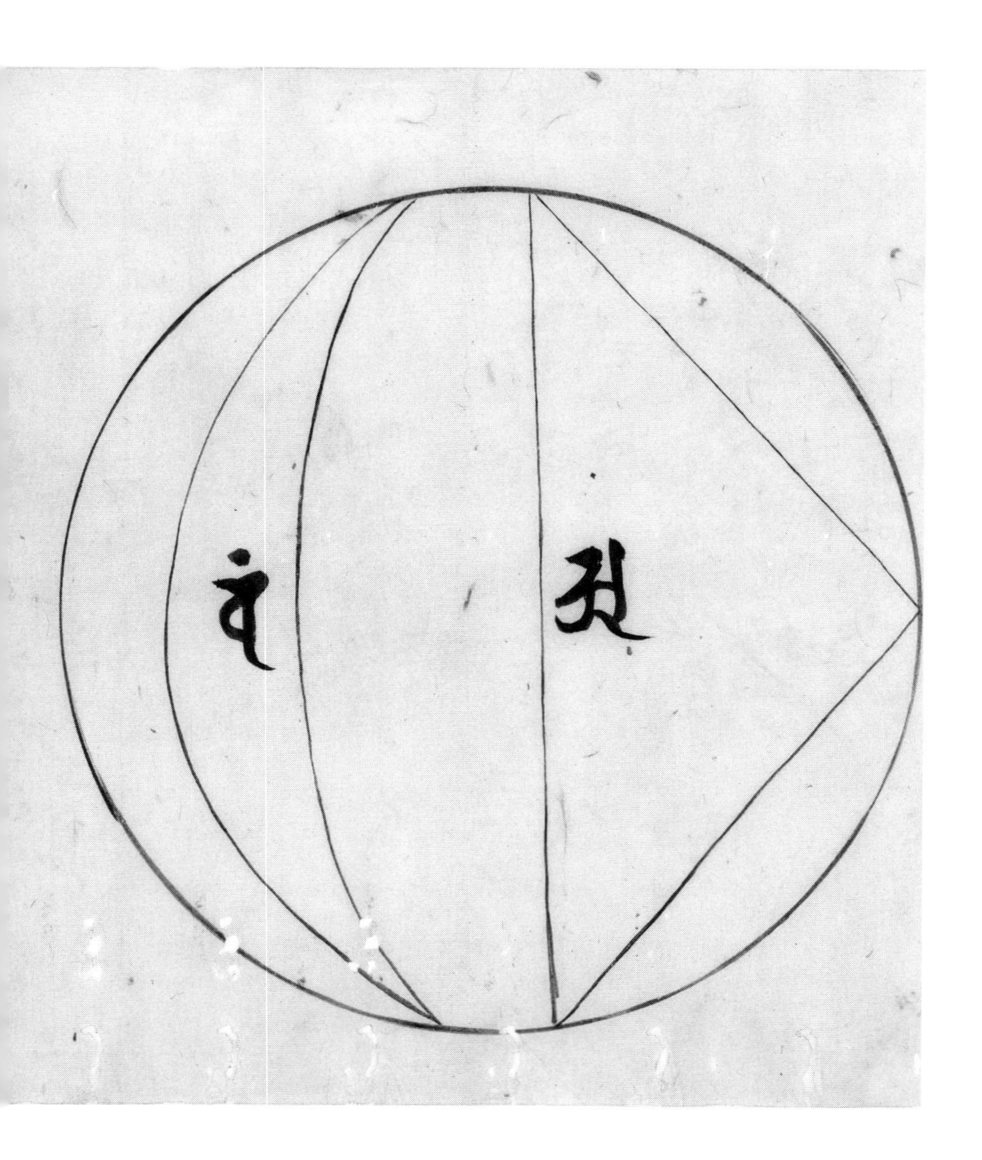

万鏡霊瑞記　64合33号

萬鏡霊瑞記

万鏡本縁神霊瑞器記
大梵天宮天解霊光
一面大自在天王心肝霊鏡〻〻変成精
光〻〻中有五輪各〻移五色成五智
〻〻変坐平等天照若豊受皇大神
是云天御中主尊也
一輪中在五輪是天御中主尊宝鏡三
面天鏡尊心月輪鏡

一面尸棄大梵天王寳鏡
一面光明大梵天王寳鏡
一面世界建立金對日輪鏡
一面八咫鏡八葉中在方圓五位象是天
照皇大神御霊鏡座也
一面紀伊国那草郡日前宮神霊内侍
所前神坐也
廿二面鏡者八百八神達執天金山精金

奉鋳日像鏡也
二面无縁円輪霊鏡
二面切金方筋霊鏡
件鏡四面以天香山金青不合尊製作
也摂播津国其幡磨国合場乃世
天奉鋳之
二面聖武天皇寶鏡是大梵天王両
眼化為明鏡故佛一文一如両眼大日須縮
大佛開眼明鏡是也

三面化現金鏡豊受皇大神別宮多賀
宮坂下底津岩根尓蔵置也
二面大和姫命朝熊海水上天奉鋳白
銅鏡也内侍所神鏡崇神天皇御宇
奉鋳也　以為神霊也
従大梵天宮流鏡鈴
応化神持金剛宝鈴也化身説法音表
五十鈴宮又是其縁也

獨古鈴三古鈴五古鈴塔鏡（鈴）寶鈴九古鈴
十六古鈴十八古鈴龍頭鈴佛頭鈴九金器
中有音聲廿八口也是一口同音兩部
同音諸佛同音五智五門不二妙躰也
諸神同輪亦如是之
天瓊矛者獨古變成也
天逆戈 大梵天王矛也
天逆太刀 大梵天王刀也

件神寶蔵瀧祭仙宮者也（亦号常世郷之瀛宮也）

三種神璽

白銅鏡（梵言阿羅清處　神言亘清守）

草薙釼（亦名天牟羅雲釼是也　高本名也）

八坂瓊曲玉（大日覺王寶珠也）

天神稽曰天皇如八尺瓊之勾以曲妙御

宇且如白銅鏡以分明看行山海原

乃提神釼平天下故万類神寶用以三

種為神璽也
神光神璽者経于五立无念无心无陰
陽宣始只治天下以霊光陽理不背不
以事代世下第七葉時始有婚合以降
始以事天下於神明霊光威貴四封大神
威視上下有四種神璽以陰乳為母以陽
貴為父下々来此神五代時流出
護国守王第六葉仁王始神武天王

漸々下光下神威人無量玉光此
時但神明以威光揚政仁聖庫所徳
道道威勢化成大神變轉威大道
挈引神世現威神力得道得果後出
世威道時學佛教成佛身依神擁護擇
佛法可治償貧跡言説給無天不降穜
子無地不戴孕天地和合生万物貴上
挈下無生死從本無始之一物無終一切物都

不可測涯際権初悲虚無幻化跡四相幻
野等一度是非迷一度是非神冥應諸
佛擁護天皇玉躰無動如陽律般若邑文
常般若堅般若尓三世常住四海浄澄天神
地祇子等々々本覚慈悲三際不可得
両宮鏡座百大儒祇無量無数億常
住不変真實本有法界湛然天然
不生法性不動出無邊形像儀形鏡

畐種々神足諸大梵王尸棄光明三
十三天一大梵王大日覺王四種神變
向上向下二宮本擧諸大別宮各々卒
等現在色樹森羅万像皆是神躰
山頂山下皆是神宮如々本有同躰遍
照一主補處發阿耨多羅三藐三善
提心矣

萬鏡靈瑞麗々氣記

五十鈴河鎮座次第麗氣記

伍十鈴河山田原豊受皇大神鎮座次第
豊受皇大神
金剛界成身會及一印四院大供養羯磨
微細三昧耶降三世三昧耶降伏三世
理趣等九會中有一千四百四尊々達
等併不直其姿現本有無身山頂々山
下樹林海岸河上依顛各々鎮座以降
以九會正殿若以成身會為鎮座五大

月輪五智圓滿寶鏡實相真如五輪
中臺常住三世淨妙法身大毘盧遮
那佛亦名法性自覺尊亦名熾盛
大日輪也
金剛寶　遍照金剛
神号　天（アメ）御（ミ）中（ナカ）主（ヌシノ）尊（ミコト）
神體飛空自在天說法談義精氣也
水珠所成玉常住法身妙理之正躰輪中

有五輪中輪長六寸余四輪者長四寸
也是名沐ム躰輪二尺四寸径八寸也
相殿座神
左皇孫尊天上玉杵命二柱一座
實号観自在王如来　金剛号蓮華金剛
神号天津彦〻火瓊〻杵尊亦名瓊〻尊
王亦名杵獨王亦名示法神亦名愛護
神亦名左天神天上玉杵命

寶号　阿逸多王如来

金剛号　奮迅金剛

神體八葉形霊鏡無縁圓輪躰霊鏡也

右天兒屋命前後太玉命後前

天兒屋命寶号曼殊師利菩薩金剛号

利劔金剛亦閻曼男金剛神号天兒屋命亦

名天八重雲劔神亦名左右上下神亦

名頭振女神亦名百大龍王命也

神體切金方笏体霊鏡

太玉命寶号善賢菩薩金剛号圓滿金剛

神号太玉命亦名大日女尊神亦名月絃

神亦名月讀命神體二輪体霊鏡

右二柱霊鏡者梵篋中蔵之以一百三十

六兩朱名屋蔵之亦色致表也無神

者不染著善男悪唯外相法身姿現内

心慈悲至極也

構汝別宮多賀休前神
亦名泰山府君也上由氣皇大神荒魂也
亦名伊吹戸主神也休靈天鏡坐云云
神寶鏡廿二面蔵之内一面天鏡次朱蔵
文形也左右各一合都四十四鏡表也
構社大土祖神　亦名五道大神雙五府大明神座也
山田原地主神也亦号鎮護神
大峯神子大國玉神子宇賀神一坐大
土祚祖一座休狝猫玙璽一口靈鏡二
面花形座云云　在神寶名石一面月
蒙扇一枚

右大神鎮座次第天照皇大神皇御孫尊
獨王三十三柱從神筑紫日向高千穗
槵觸之峯天降坐以遠千三代歷年治
合一百七十九万二千四百七十餘歲從
神武天皇至開化天皇九代歷年六百三
十余歲帝与神其際未遠同殿共床
崇神天皇六年己丑歲漸畏神威同殿
不安就於倭笠縫邑殊立神籬祭之

垂仁天皇即位廿五年丙辰天照太神
以豊鋤入姫命奉戴之伊勢国宇治五
十鈴河際伊蘇宮此明年丁巳冬十月
甲子奉遷于天照大神於度遇五十鈴
川上也詔日常世思金神手力雄命天石
別神此寶鏡専為天照大神御霊躰
吾所奉齋祭矣
豊受皇大神是壽四万歳時休臨漢洛国三

止嶽坐次布倉遷坐次八輪嶋遷坐次御
間城入彦五十瓊殖天皇御宇舟波乃國
與謝之郡比治山頂麻井原天天照大神與
一所座給其後竹野郡奈具宮坐于時
奈具神奉朝御氣為御饗亦奉上白黒
神酒也亦天照大神久御氣備進儀式
如朝氣備也
奉孫心御柱儀式如亦是造宮事始也

日鷲高佐山者是日本鎮府驗所在十
二箇石室号玄扈也謂大〻貴命天日
別命居所亦伊勢津彦神石屈亦春日
戸神窟屈也惣名高倉山是也常天童
天女乗白雲臨遊松栢本奏妙音天楽
下時應響傍山名風音也彼風音一嶽
冊白檄皷金眼面象寶鈴等蔵之是天女
大和姫神跡也〻

山田原造宮之間、沼木高河原離宮木
九殿坐天衆降居奏妙音楽
与伏宮坐出時地主明神録日
奈貝栄介奈貝我宮侍豆間今被距
出坐明給
一説云
安賀奴義介阿賀奴小宮乎侍豆流万
尒着外介出て距覚悟也

亦山田原迎接時天照大神柏手忍手

神詠曰

眞鏡雲位合神覺尊千代年世重々

亦天神中主靈尊大日靈貴天照神

拜文曰

一心我頂礼久住舎那尊本来我一心無上共加護

尓時天照神返礼文曰

天宮權願久遠正覺法性如如一同在一所

〃両宮両部不二三世常住神座也應理智教
天照太神豊受太神座也是両部元祖佛
法本源也
夫以尸棄大梵天王水珠所成王水珠若
月珠〻〻者玉〻若亦宝金剛界根本大毗
盧遮那如来是天上大梵天王座空無
垢大光明遍照如来過去威音王佛是也
三十三天中皆是名大梵天皇是為尸棄

大梵天王是名天御中主尊亦名豊受
皇大神云云
光明大梵天王火珠一所氏玉火珠者日珠々
々者玉々者羽字々々者如意寶珠々々
者蓮花理々者胎藏界毘盧舎那遍照
米羽字本不生不可得儀万法皆空無自
性門是已過去花開王佛是也三十二天
中皆是名大梵天王是名光明大梵天王

是名天御中主尊亦名天照皇大神
他化自在天化身大毘盧舎那如来是名
摩醯首羅天王亦名大自在天王者為威
光菩薩住日宮破阿脩羅王難（令ム）喜日威成
天照大神措人金輪聖王福三千大千世界
所有情初従善男子善女醜陋頑愚盲
聾瘖瘂四重八重七逆越僭謗方等経一
闡提等無量重罪現在土中頃断無明昔

是神権大乗善根成就形相有須天上及
無間極巳塵浮塵性相常住無邊異相皆
是神躰皆是大覚皆是佛身永離生死常
利衆生無有間断十方如来同入三昧三世諸
佛皆為権跡自在神力両宮修行功徳甚深
本来自性本地像形不動念々即入阿字
門云々
令両宮則両部大日色心和合成一躰則豊

豊受皇大神宮内一所並坐也此章勿令發
言可兩宮崇坐故夫梵号与密号及儒古
從本一也以一分二為天地以天地為兩宮以
兩宮為兩部二神暫云迷悟給故雖分化
儀内外本有平等一理周遍法界故一大
三千界主仁王坐也

心柱麗氣記

心程靡氣訖
飛空自在梵天王權逹立器世间向十方
東言我今召集十東逹情神逹佛逹我
身躰灰苦時有虚空音聲告善哉善
哉大梵天王我本無有音説為利益
現為利益我等入深禪定経無量阿
僧祇劫未聞如是誠諦金言諦聽諦
聽善思念思其後経八十一劫出現

娑婆界其中凡聖相遍現應化身層
度衆生八千及賢劫十六劫間在々
處々有無量千万億大威神力随其
国随其處或現佛身或現辟支佛身
或現聲聞身或現梵王身或現帝釋
身或現自在天身或現大自在天身
或現天大将軍身或現四大天王身或
現大小王身或現長者居士宰官波羅

門身或現比丘〻〻尼優婆塞優婆夷
身或現長者居士宰官婆羅門婦女身
或現童男童女身或現天龍夜叉乾闥
婆阿修羅迦樓羅緊那羅摩睺羅伽
人非人等身或現執金剛神有為無為有
差別娑婆世界者有天魔外道多邪見
放逸尒時遊尸棄光明大梵天王天釈
中王尊王轉成大日靈貴接應衆生給

矣
賢劫十六劫後可出生金剛灵鏡男(シノ)命(ト)捐
治桐會並坐ミゝ尒時大梵天王授与大八
州給次授与梵天王身體文曰
諸佛金剛灌頂儀　汝已如法金剛竟
為成如来體性故　汝應授此金剛杵

有一｜吉

此杵者我身三昧耶形故二所皇大神宮
者以伐折羅為字伐折羅者獨股々々
者心所玉々々者神々々者正覺理々々者法
衆一心々々者真正覺々々者心柱々々者心

王ゝゝ者大日今兩宮是也神者心躰柱
ゝ則衆生成佛因縁法界縁起是也伐
折羅陀羅即是、金對杵陀羅執持義
也金對寶山記曰大梵天王躰體遺傳
大日本州名字佛躰心遺中道名字實相ゝ
良遺菩薩界名字新發左手中天道
名字天右手申人道名字人用施十
方名字淨土德靈覆天下名字日月左

足踏餓鬼道名字餓鬼右足踏畜生道
名字畜生神進職衆名字有情已上十
衆手具疵不二靡前節姿也凡九億四万
三千七百九十二神上首常娑婆衆有
大神力亦不生神不来従天従地不出生亦
不来他方忽前身栖隠故無来無去
神是九万八千五百七十二神上首常以人
興神通人間衆有大威勢雲復其国無二也

故天無二主宗廟照三界給故以日為胎
蔵以月為金剛界也
祖吾在鏡中其貞如日其心如海其慧如
天其徳如地彼善道掃心為光精進行正
念為本夫一切法自性空縁通照如来相當
知空寂為躰無相為相無性為性無得
為得為利益衆生如来作異相是故諸佛
摩他菩薩万行五通行相十界差別皆

是如来方便其實歸空一理不着諸相為
不可得〻〻即如来心覺般若修行之要
道其至極既以如是故天女曰行勢西宮
無始無終大无宗神亦一念不生神羅烈
万法心故絞結万像解鷲呼為法無句利
為神無縁守无無窮妙解邊際无刹生力
用休息屛佛法息〻諸神影無邊法界心
量如是而布闍之言本正故杵獨專受之

言大八洲傳之持明鏡照心月是世法最
頂梵王真言已無爲事不言教是人真
心已

心柱麗氣記

神梵語麗氣記

神梵語麗氣記
眞和光靈威隨行諸波羅蜜蒙諸佛
通相遊般若心宮生大日本國同大
日如來作被照大日靈尊用心地蓮
被加持不動與三世八法東大悲之
門磨正覺正知之鏡出一生補處宮
得金剛加持之法東身珠哉神通秘
傳善哉佛法指南矣閣神妙祥天然

無際而不動法性之條理南無方儀
法身自樂之力用無邊也所宮本擁權
化法報應等身設利生方軌雖並一身作
故三世一生而無來無去常住不變也
一切衆生本末薩埵凡聖皆是神躰法
性無明本有形躰過現當諸佛冥合種
々應身化現明神衛護三衆也
化法則神々則法々則信々則佛々則人

々則神々則通々則利益々者一切万億
即佛身也佛身則獨古々々則心性々々
即一切衆生身量亦心徳性者大日本國
開闢獨古金剛國靈境性水尾中國
心佛性天地和合本牒生死自在本
妙徳十方如来三昧耶形一切衆生
心神味心々爲至々即神至神主神明
應化故神宮社日等爲先精進奉供尊

神分交識悪矣

清浄即諸佛之本迺識悪即無明業
因自性清浄即心上妙法五穀精氣
成大円鏡智玉々變成一切草木樹
林〻〻中有神尾坐也生時始一火
下乳天死時終一水上乳地故迷悟
在心〻〻　文
于時為下化衆生尸棄大梵天王命

矣御中主尊詔伊弉諾伊弉冊二柱尊
曰有豊葦原千五百秋瑞穂中津
地宜汝修之賜天瓊戈而詔寄賜也
二柱尊奉詔立於天浮雲之上共計
謂有一物若浮膏其国中有国乎
迺以天瓊戈天獨杵探之獲一葉
滄海畫敝則投下其戈而固盡滄
溟而引上之時自干末落垂滴之

湖凝結為鳥名曰𩿤馭盧鳥矣則以人
天隮牙指下於𩿤馭盧鳥之上以為
国中之天柱也天隮杵言䜿真如東
寰成金對寶杵ゝゝ寰成風氣ゝ轉
成神ゝ寰成生ゝ轉成魂魄ゝゝ轉成
人躰故八葉蓮臺座自在安樂也是
如意赤玉德也元神用化也故隮戈
是天神地祇種子也諸識心王心源也

故杵尊大王皇孫尊授与尸棄大梵
光明大梵二天　王文
諸佛正覺金對杵　住古菩薩智法身
樹下成道常説法　大日本國成鎮壇

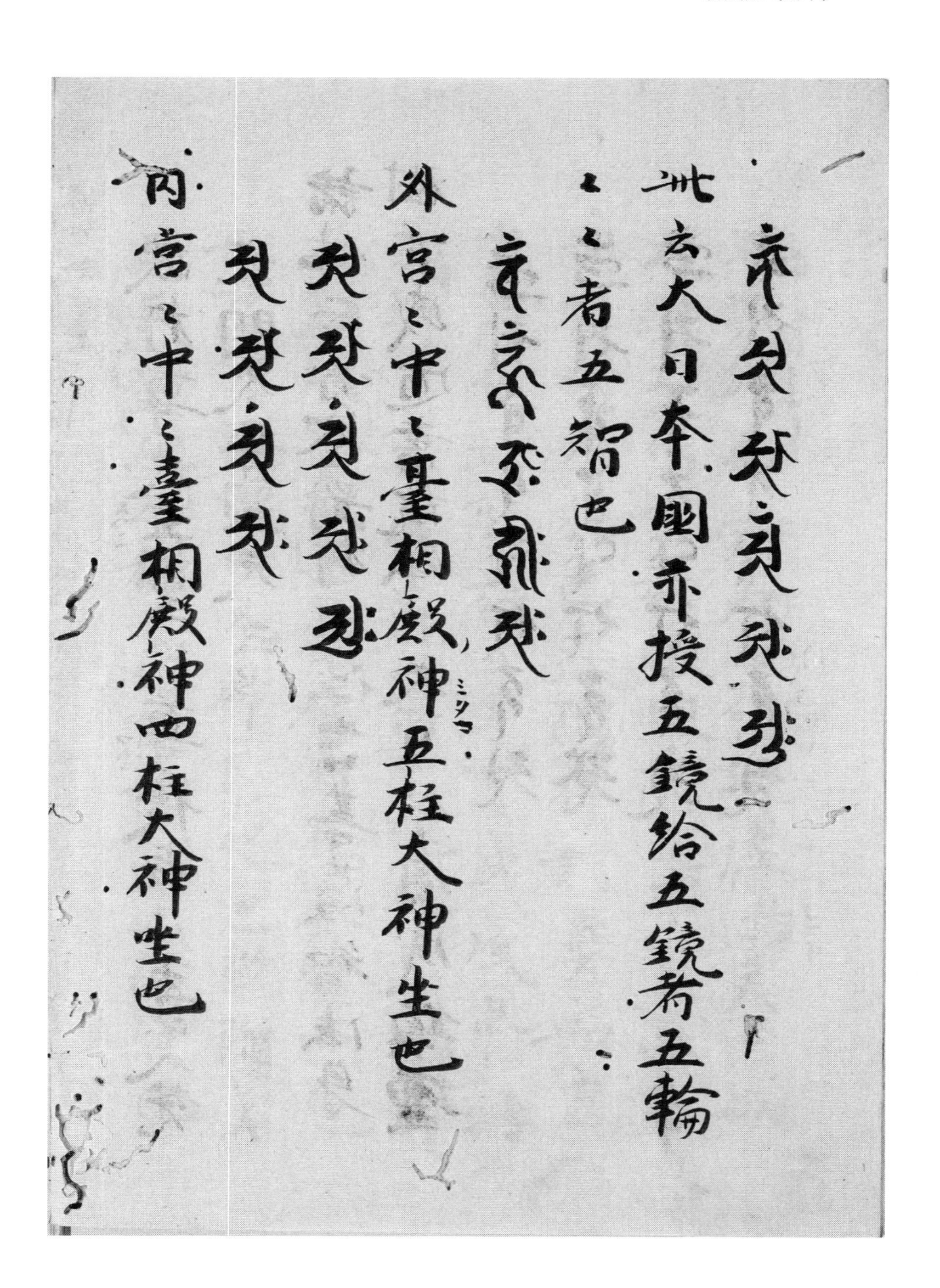

神躰奉仕
豊受皇大神
根本正覺印
結八握印表五服印
〔梵字〕
唵縛曰羅二合隠都鑁
此云唵字南無二字唵縛曰羅三字金對
隠都二字東鑁字大日亦遍翻云唵

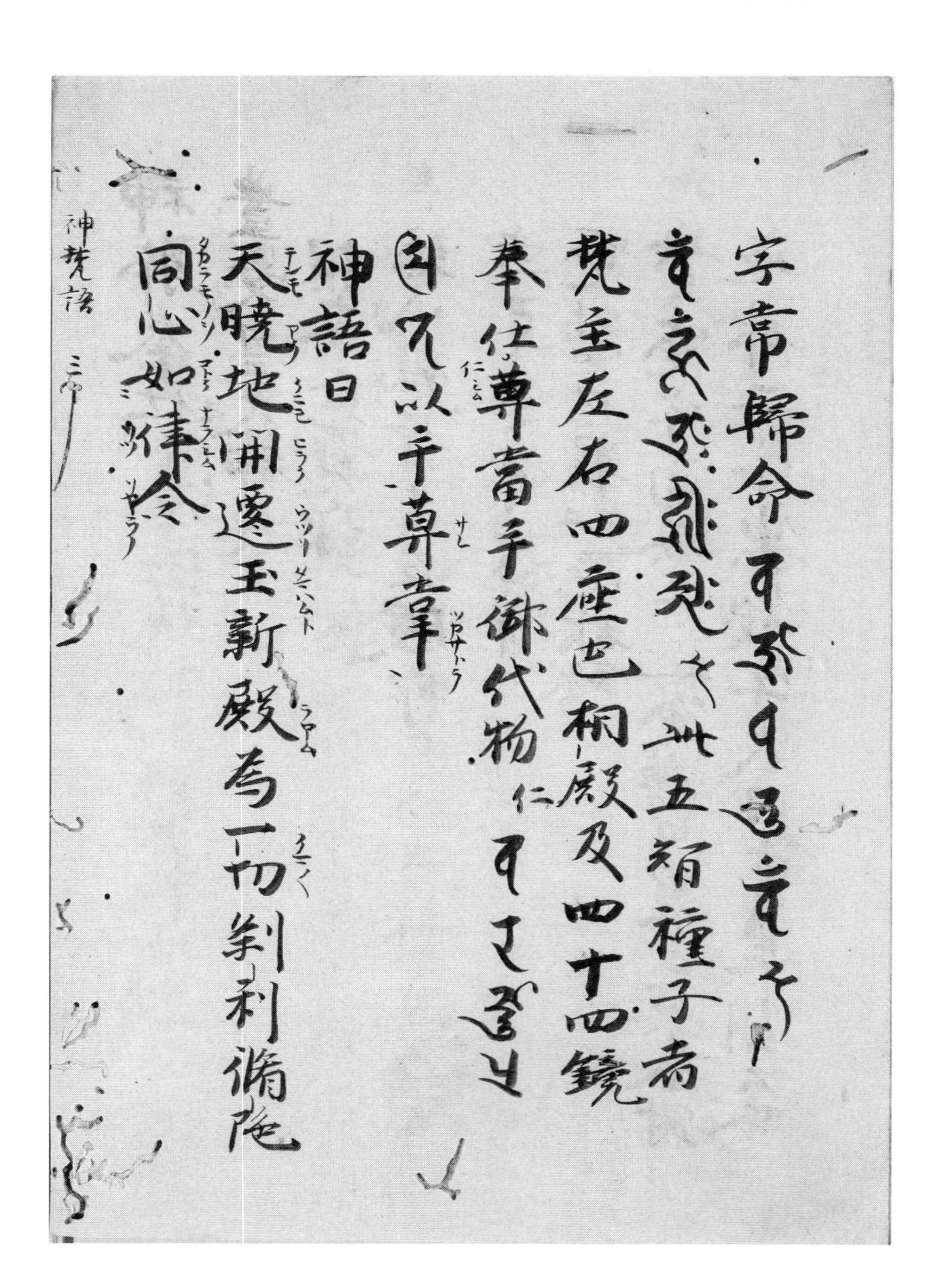
字帝帰命
卅五箱種子者
梵圭左右四座也桐殿及四十四鏡
奉仕尊當手御代物仁
以于草章
神語曰
天暁地開還玉新殿為一切刹利備施
同心如律令
神梵語

天照皇大神
結八葉開花印處八葉印
[illegible]字諸法本不生發心
[illegible]字諸果得解脱修行[illegible]字涅槃諸
三昧耶菩提[illegible]字諸業成事智涅槃
[illegible]字諸事皆滿足所作已辨法性心
殿
[illegible]

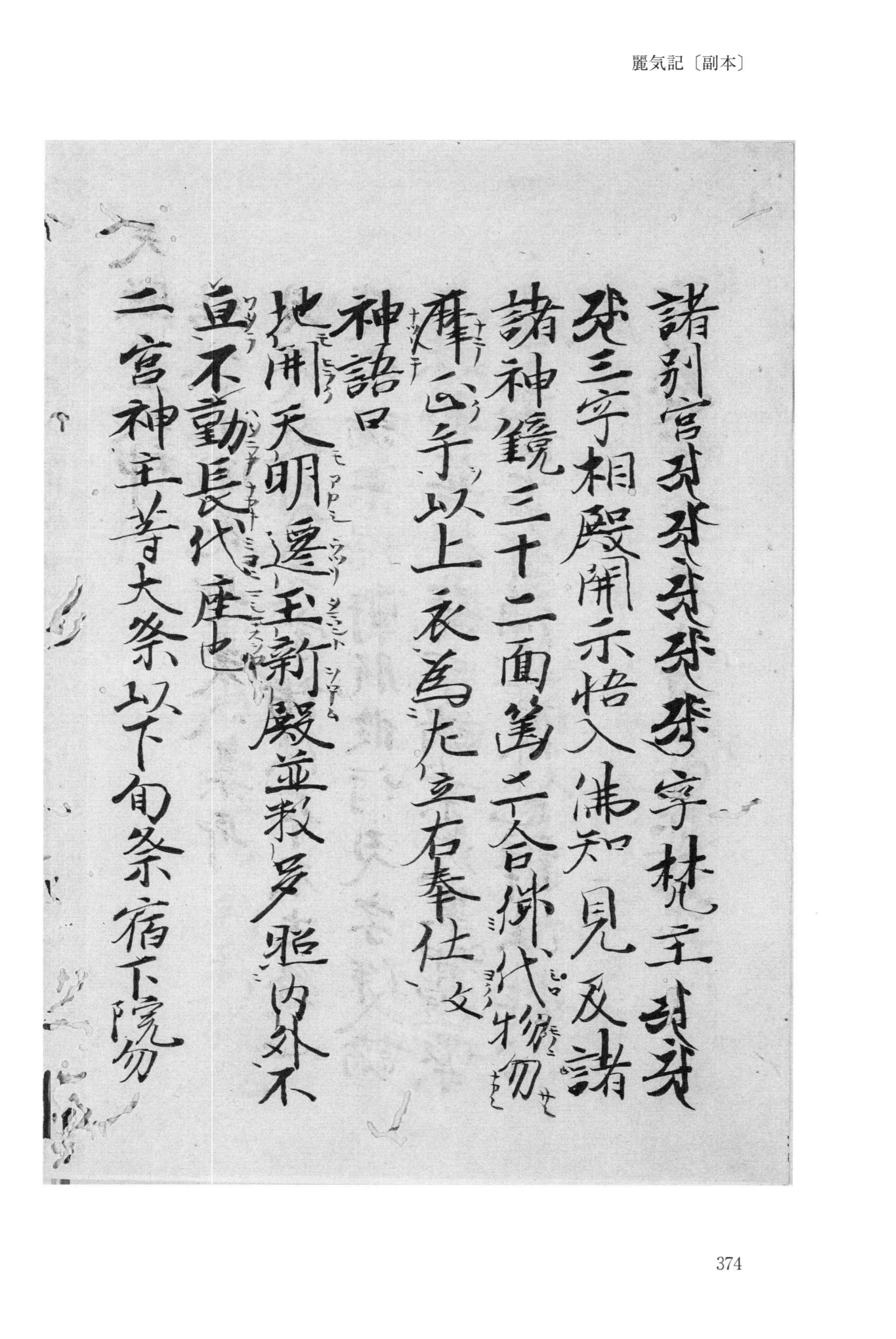

諸別宮[梵字][梵字][梵字][梵字][梵字]字梵王[梵字][梵字]
[梵字]三字相殿開示悟入佛知見及諸
諸神鏡三十二面為二十合併代物
摩尼手以上衣為左立右奉仕文
神語曰
地開天明遷玉新殿並救多照内外不
亘不動長代座也
二宮神主等大祭以下旬祭宿下院勿

交散〻者矣
世界建立後相分流聖精一梵王天
地靈物授與天浮下子尊與地出上
子尊持陽外現持陰神内藏持是名
持金對為剤導衆生界分池現身
興千國柱是國境注也
吏心柱者元初皇帝御霊也興千阿字
心地戌鑁字正覺不乱之惠一心儀常

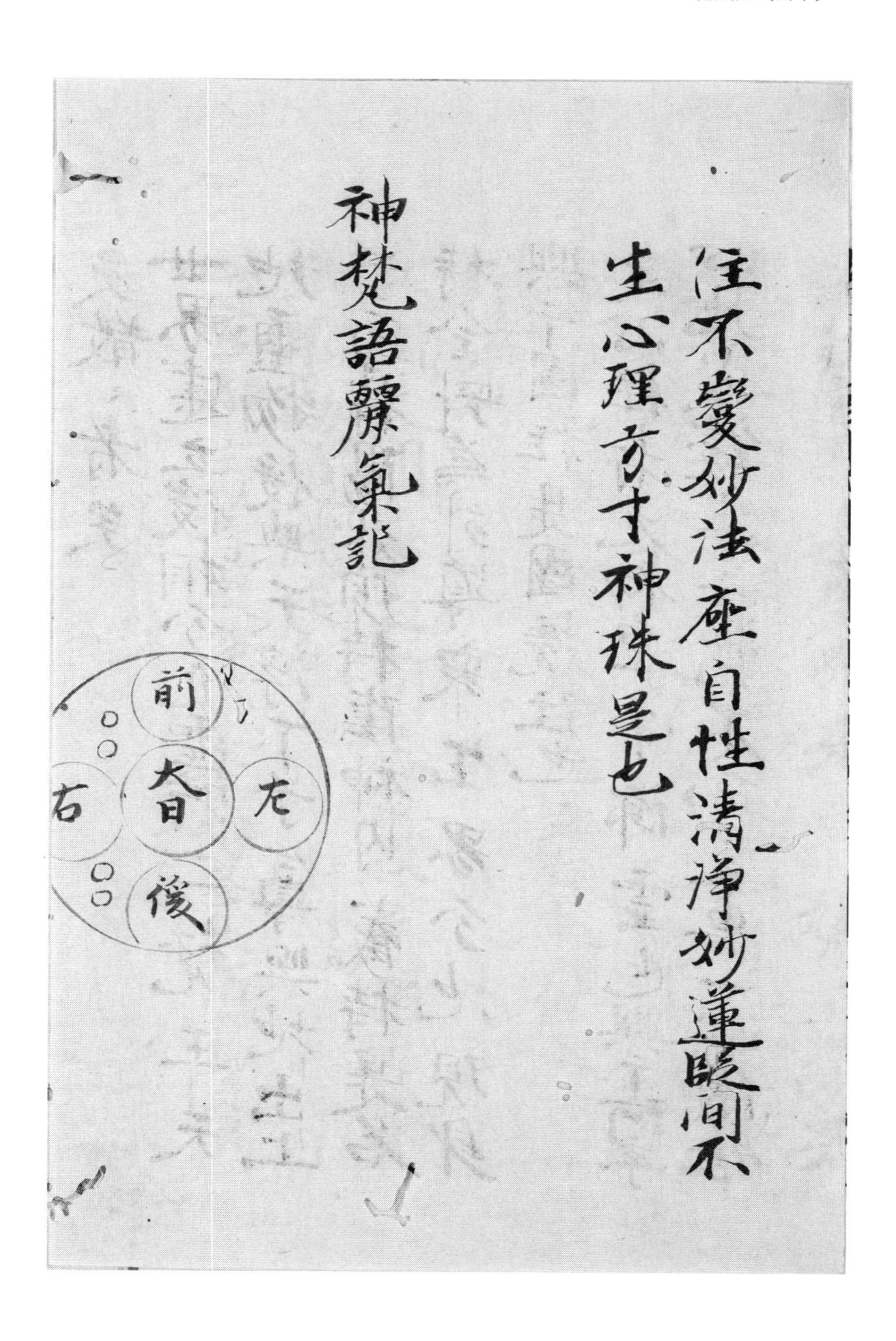
住不變妙法座自性清淨妙蓮臥間不
生心理方寸神珠是也

神梵語麗氣記

二所大神宮麗氣記

三所大神宮醽靡氣記

蓋以去白鳳年擧上金對寶山聞覽

妻藏王如来三世常恒說者從一威音王

如来以降及十我等周天照皇太神御

寓勅　周　遍　法　衆　佛

以　達　磨　爲　本　師

大　三　千　衆　間

是侵塞行者說

神　爲　主

也
따니키다 空海　言留如来三密利衆生留経
巻也如来語密餘舎利如来身密現神
明如来意密也所以者何雖隠仏日
西天弘達磨東土諸仏得機顕三
身神明於仁現利生故普門法東
昔空劫先興空劫所化間以無相為
神躰九山八海中以日月為指南仏法人

淺主者以盧無神爲尊皇是名大元尊
神華原中國心王如来也阿字原者字
一點也阿字五點阿伊宇翳唵一也其
形如杵佛法中金對杵獨股金對也大日
本國者此名也獨股杵者大日如来三昧耶
身也持之名阿闍梨〻〻〻者大日別名
心字也亦兩宮心柱也此國降臨時先立
庚鳴香取二神此國中興金對寶山金

對寶柱發阿耨多羅三藐三菩提心
金對不壞自在王三摩耶形是也金對
寶〻柱〻長一丈六尺徑八寸廻二尺四
寸是過去十六丈佛長長也内宮柱者以
垂仁天皇長樽八尺約佛尺減五尺五
寸用檜榑正殿大床下興之書朝臣与
古先王重形國靈寺陽天御量柱中央
穗國為心柱所奉崇重也中水穗國者

大日世界宮鑁字大悲智也如鶏子者是
水珠也是如意寳珠也是佛界万徳至
極也真如絶色待色乃悟佛身自本無躰
以躰顕之事々理々始也是神明具徳真
理明珠霊鏡云躰也又可言一百余部全
對宗教者不越神明神通文最澄（サイテウ）（傳教）玄釋
玄世觀竟覚名妙覺備層六葉光妙土非無
明所感土万法悉不出法性故三土即六葉

光也釋云豈離伽耶別求常寂非寂光
外別有娑婆文　故和光同塵居穢土利益
生内證全不動寂光之本土文佛土離三界
同法界湛然平等三世常住神應化世
界交塵沙寂然一體常住三世兩宮亦
如此兩宮形文者大梵天其形日神月神
本妙藏摩尼珠也從本垂跡故一切衆生
父母神無來無去形體也藏王菩薩言

天照大神最尊神無比于天下諸社
大日霊尊照天下無晝夜通内外
無息大日霊貴諸佛不悲佛見清見
竪至叡頂横遍十方百億無數梵摩
尼珠百億無數天帝釋百億無數諸天子
百千阤羅尼金對蔵百千菩薩全身舞
百千万數諸佛身塵數世界大導師
百大僧祇金對壽無量無邊大身量毋

妙法薄伽梵上々下々混也文去々
来々禅那定一々如々同一躰在々処
々本垂跡平等々々不二神不二而二々々
不二尊平有同一所法性常寂光遍主
前方便現外現在従不思議不可思儀
一向背無言一生得自在口外即天罸
両宮尊知事
行者云再拝々々　賓書跡文仁云大神也

上天成光謂天照大神也
五十鈴天皇國吏第十一帝二十三大
泊瀬稚武天皇廿一年丁巳十月朔倭
姫命教覺天明年戊午秋七月七日以大
佐々命奉布理留三十二神共奉神
等從神之若雷神天之八重雲四方仁
薄靡天爲垣作蓋從波吉佐宮遷幸
倭國宇大乃宮一宿伊賀穴穗宮二

宿遷幸渡桐沼本宇尾興于行宮天
七十四日同九月十七日遷幸山田原
之新殿奉鎮坐之以降豊受皇大神奉
祭始降化本縁有別記如上泊瀬朝倉宮取長
以上造之豊受大神宮玉殿床下興
之為心柱三十二佚奉神及桐殿四壁
正殿内中真光玉三十七尊五大輪中
開自性輪壇八祕曼荼羅傳祕三密

無相義説自並自覚法内外両宮太
神等在一所無二無別分外相於二宮
顕定恵相應像意實不生一義也
五十鈴河者五輪字五大月輪々出五
智水灑五穀春五穎塔婆限未来際
無尽奉仕卅二神始神主天益人等
各尊緩急存内人者蔵観想両部遍
照如来本有作形文列并平等法界

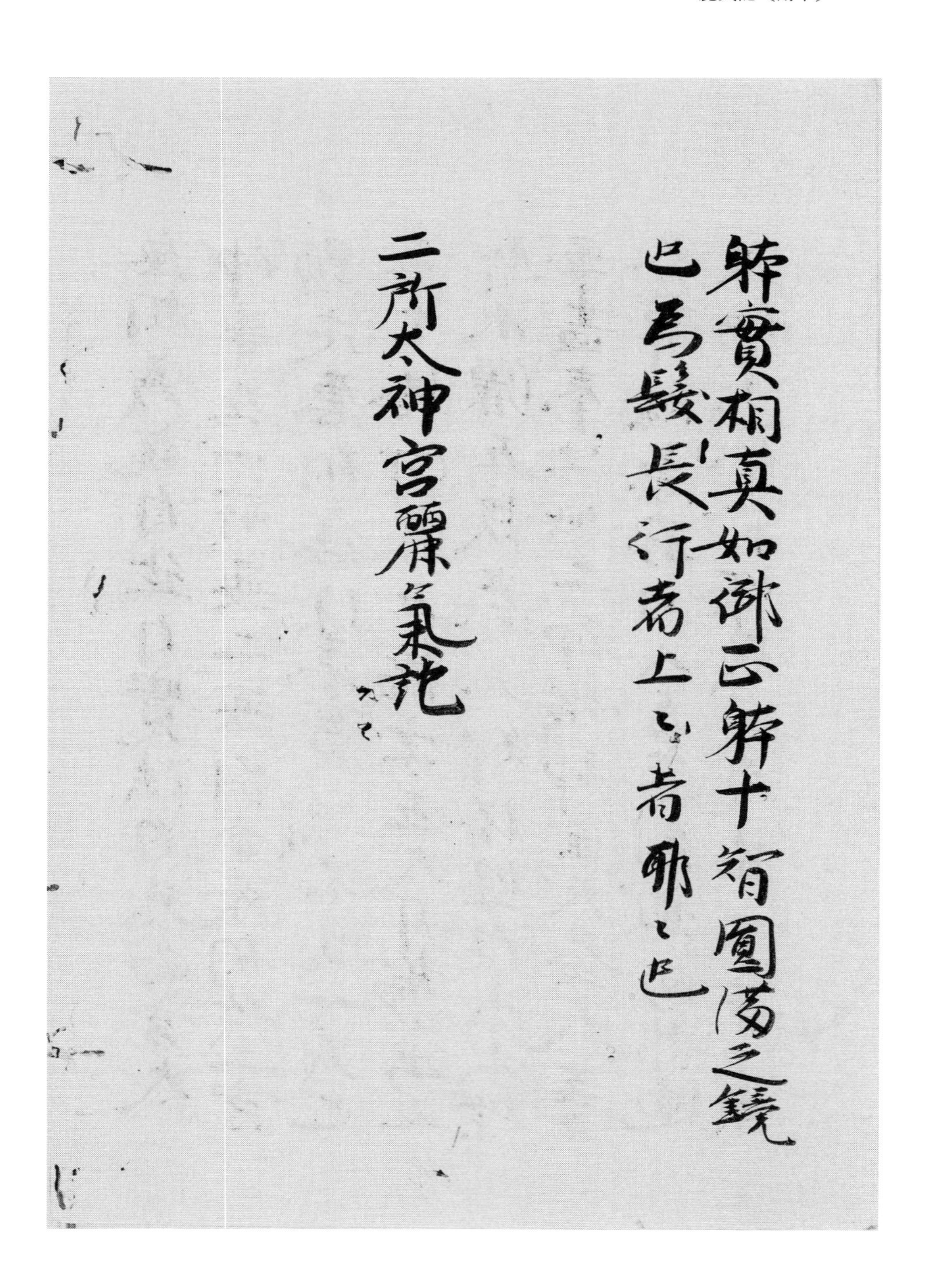
躰實相眞如御正躰十羯圓滿之鏡
也爲髪長行者上々者耶々也

二所大神宮麗氣記

現當靈氣記

現蜀靡氣記

無始無終種々形像寂初一界之玉者法
數元初一水國常立尊心月輪大空無相
妙躰也二珠並坐者國狹槌尊与豊斟
渟尊日珠月鏡天地日月二寶水大円
滿摩訶摩尼珠如々平等妙躰也
一柄三靈天藥靈釼者従第六天大自在
天王受持之三戟利釼立釼三峯六勢三

握釼也中有六龍神出生〻種王破六道邪七
見岳一子慈悲握有二輪大自在天両眼
也九葉蓮華得自性清浄法性如来九衆
迷情形表也自地大之穴出六匙合手
尾成六輪留六道凡夫生死縲也現六
波羅密六輪光明則法身表徳也
天瓊杵玉者爰文獨股大日本國也
鉢量様也重如月横立者薩𡉏羅竹縛
初ノ

次畫二ノ

曰羅文武二道定恵横竪妙躰國中安
穽吉瑞也卌三種神寶者上三柱尊三
昧耶妙躰也
亦天瓊杵金對寶柱者從天地兩盤中
天地開闢色葉法界法身心王心數大男
荼羅一心無作本妙藏天地和合蓮花金
對無始無終本垂跡也已上三種神璽惡
為諸法實相法言利端品物天地兩御量柱

私云 神敢注ハ無益ナル尸故不書之

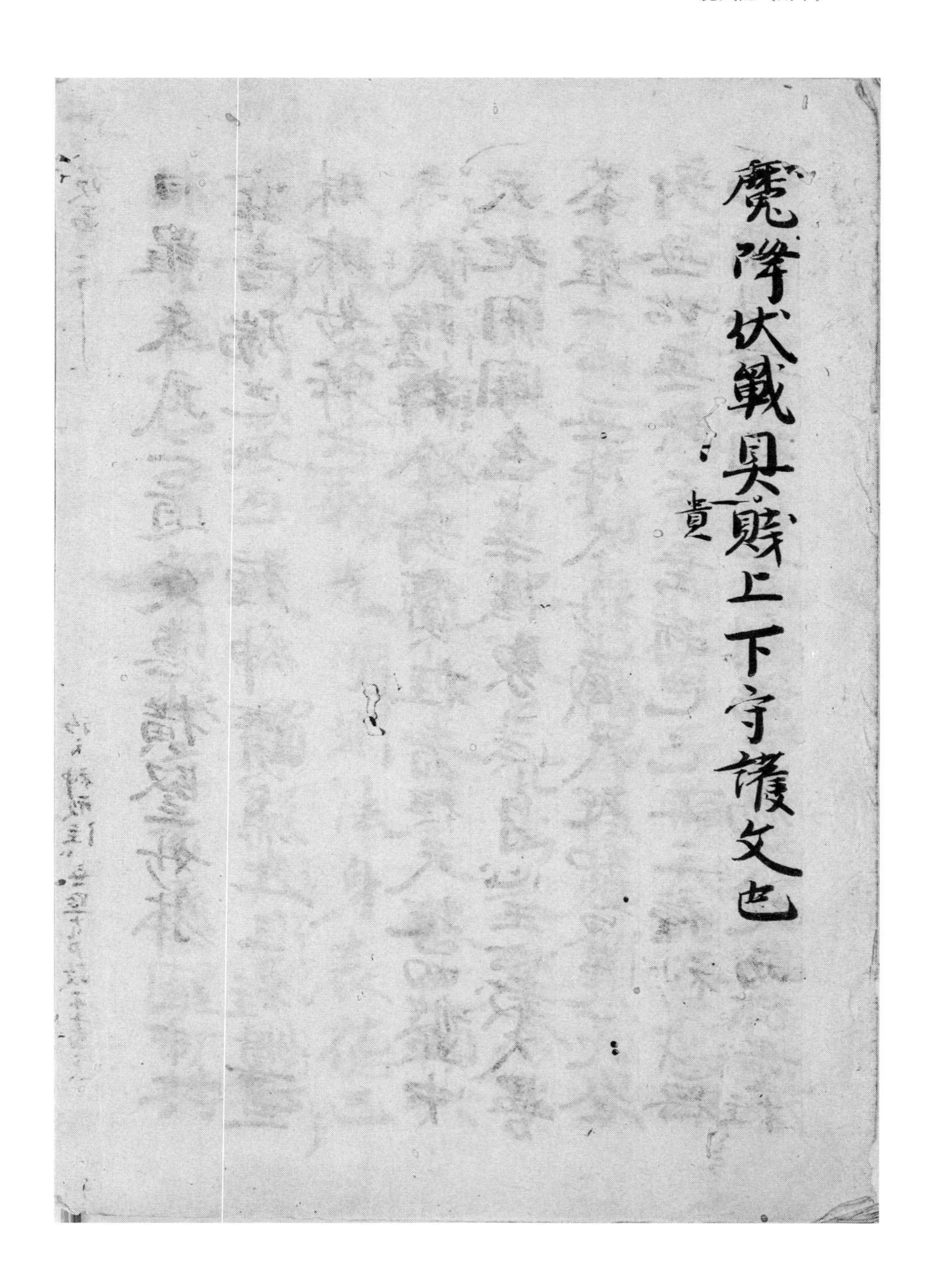
魔降伏戦具賤上下守護文也
貴

影印

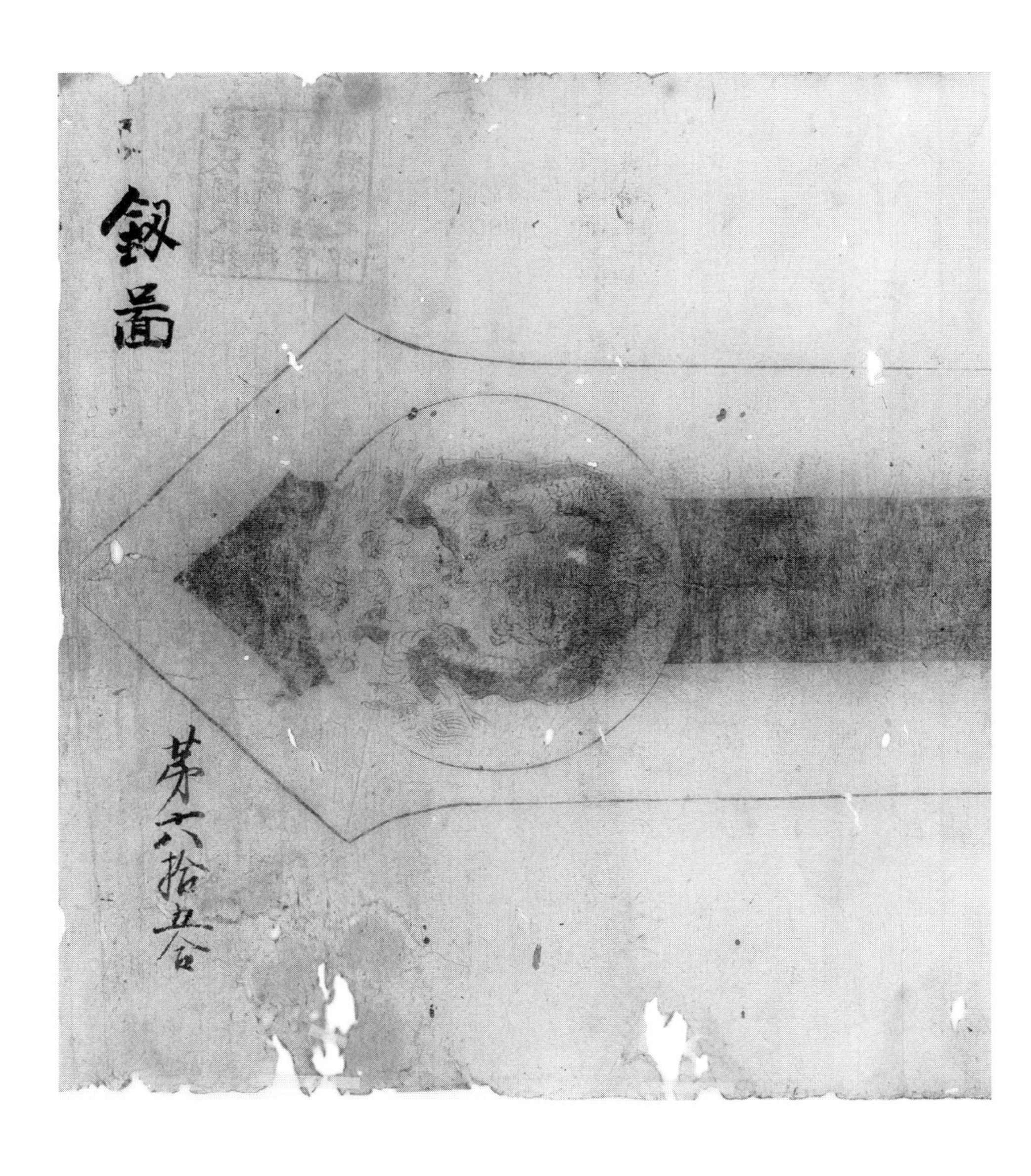
釵圖
第六拾五合

尾張國大須寶生院經藏圖書寺社官府點撿之印

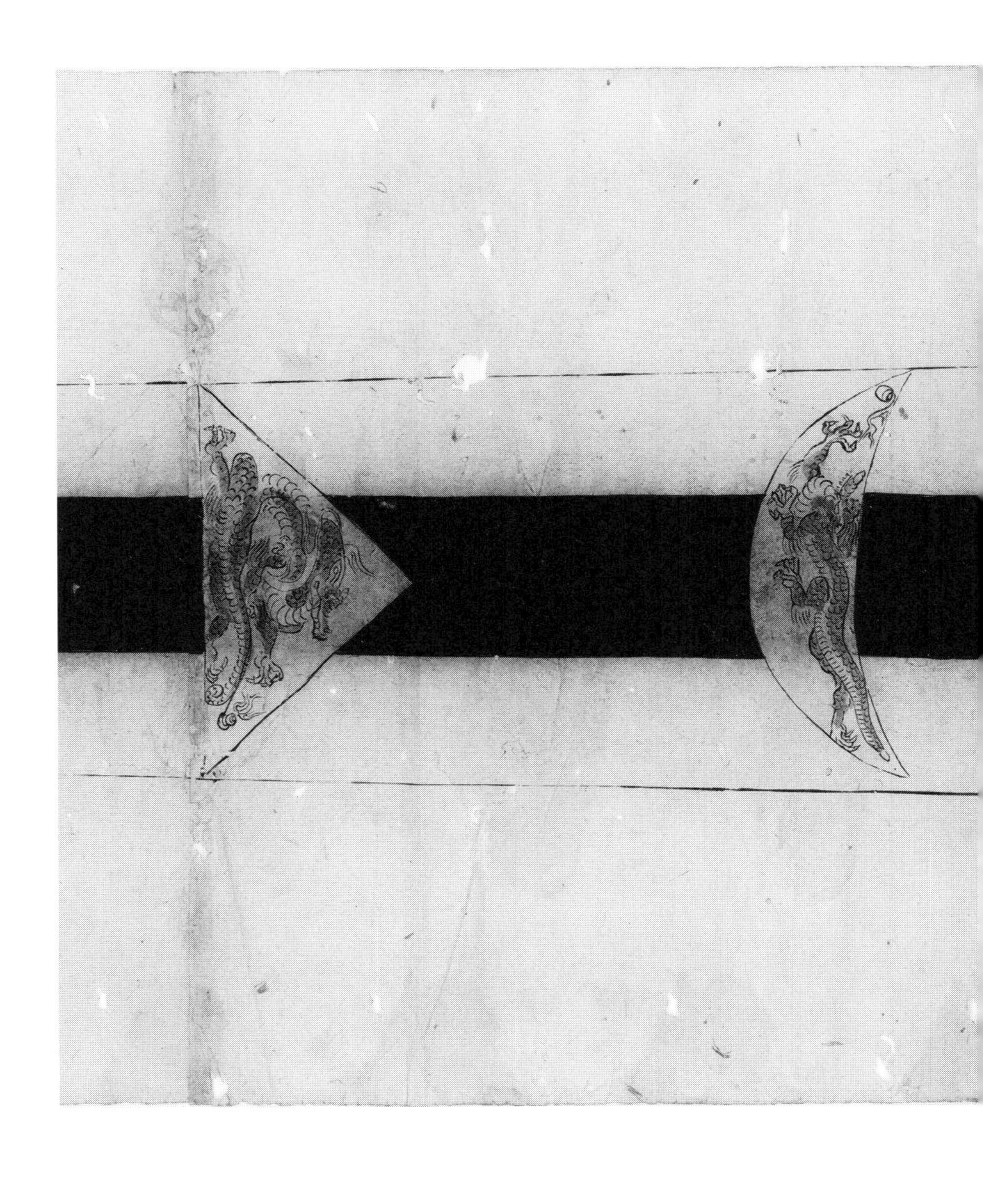

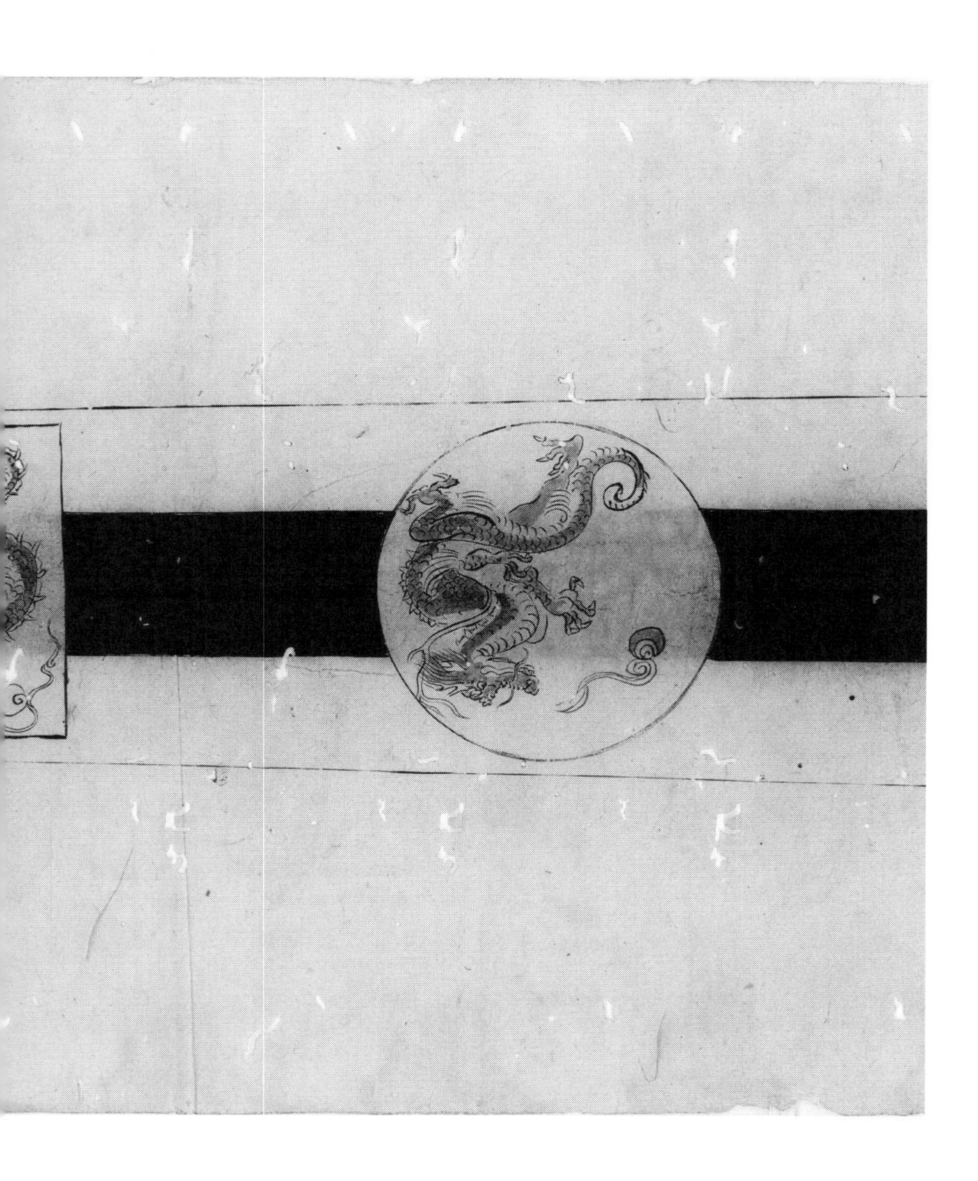

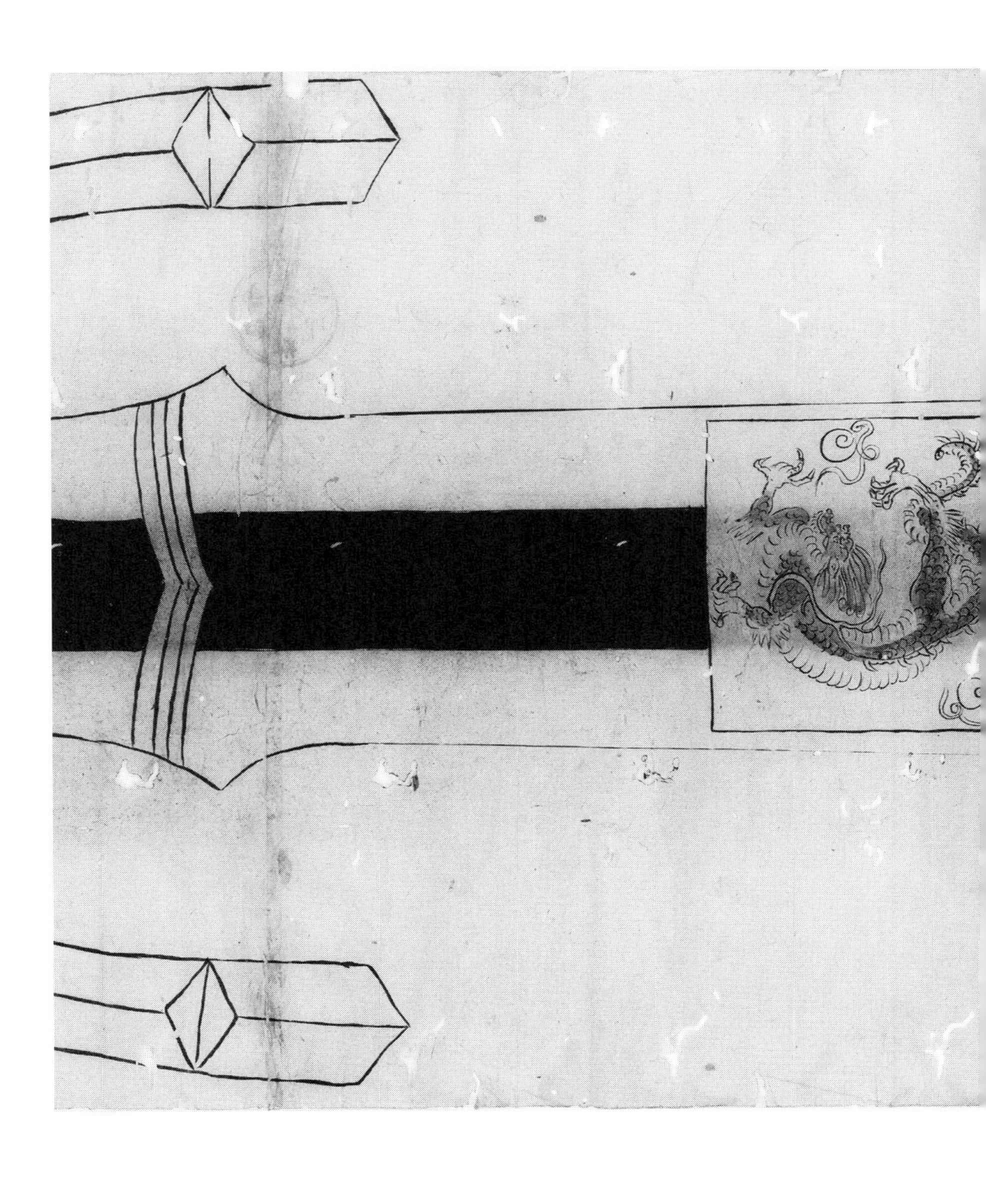

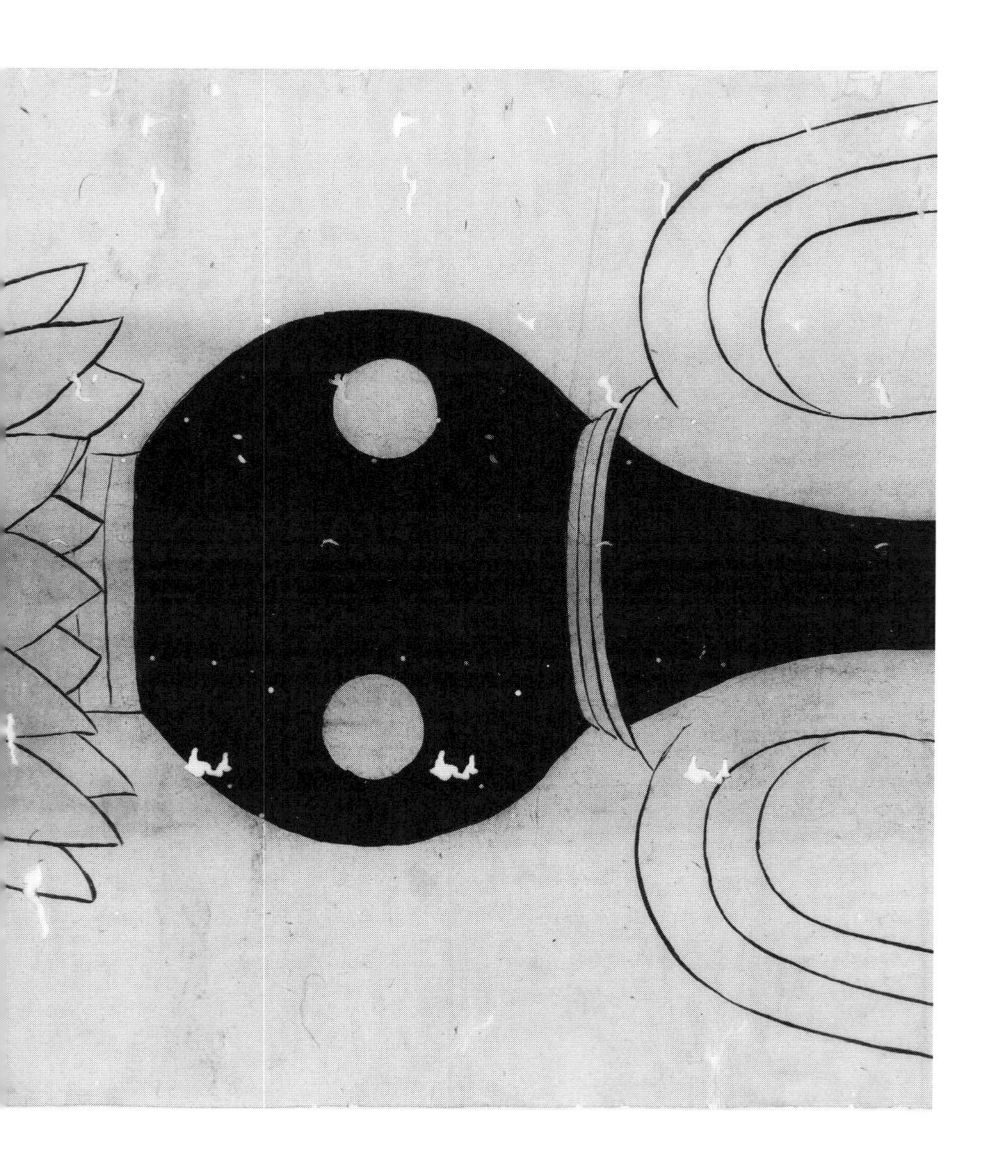

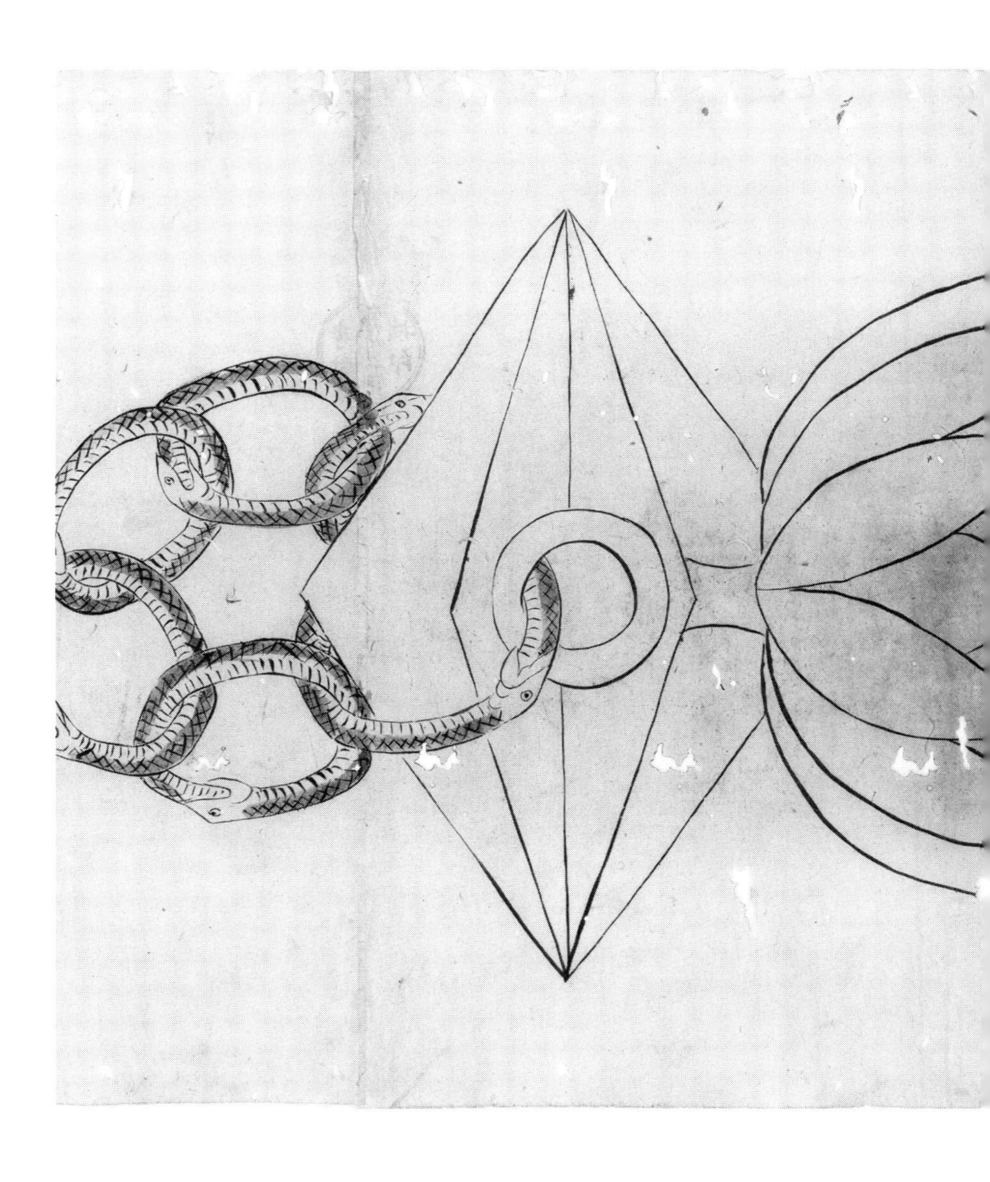

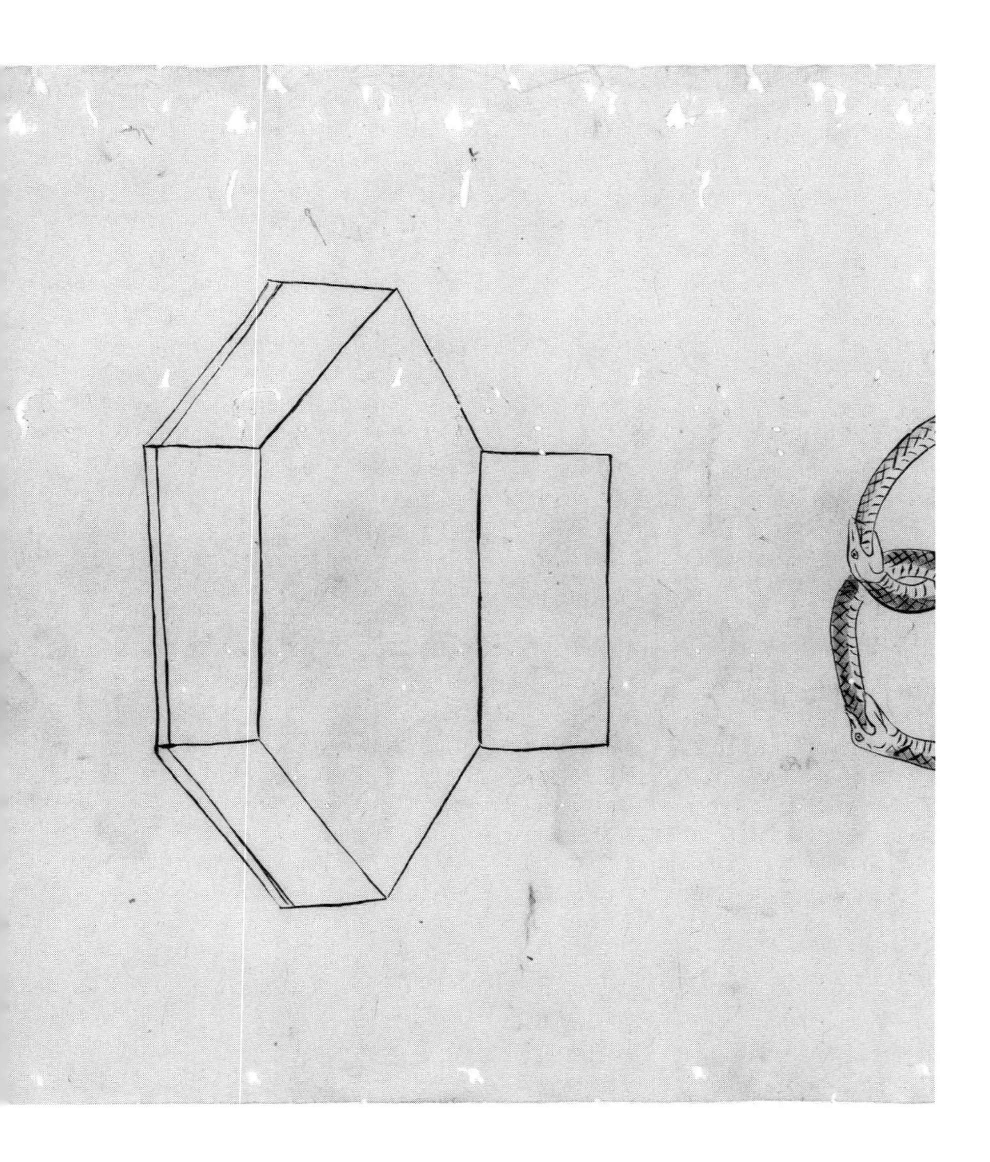

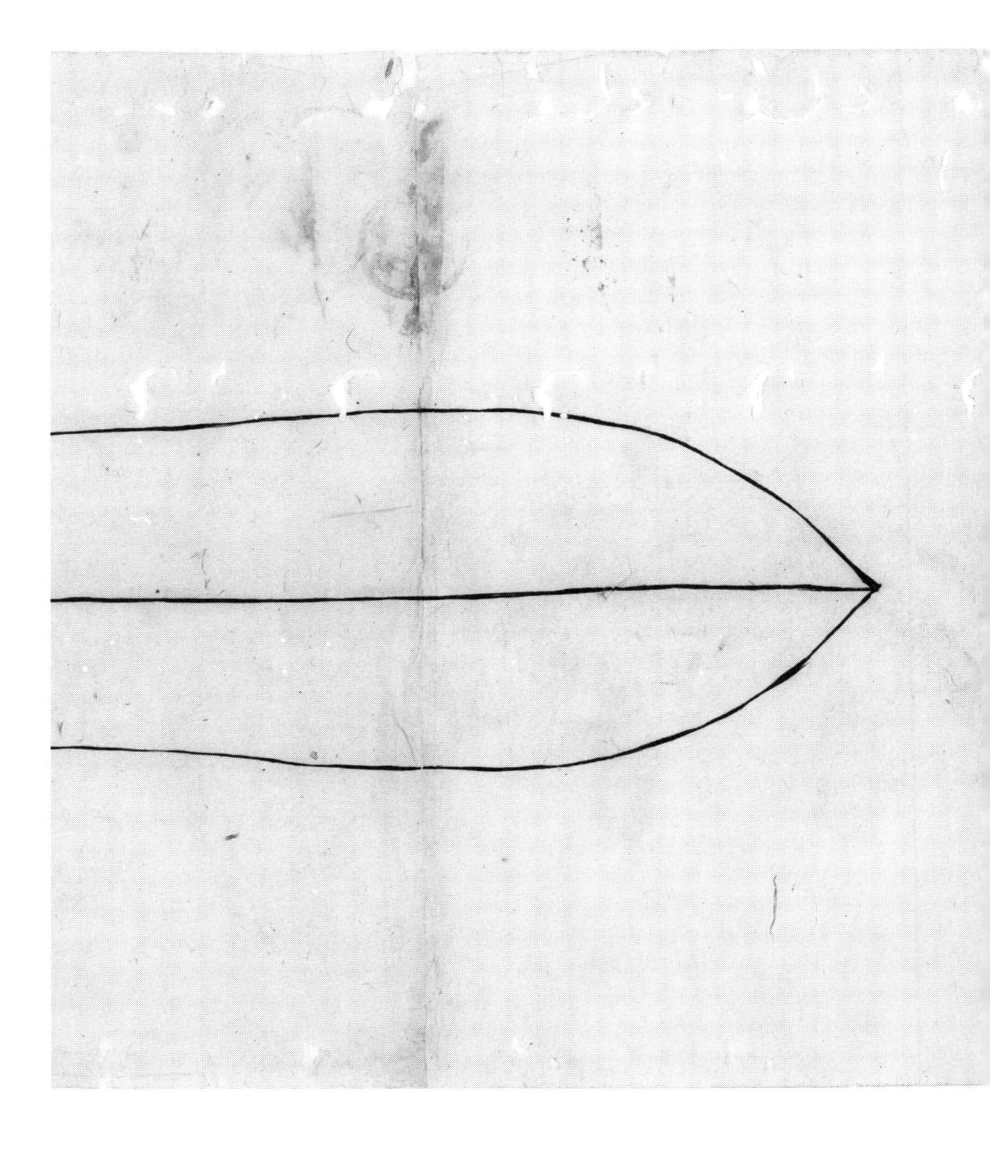

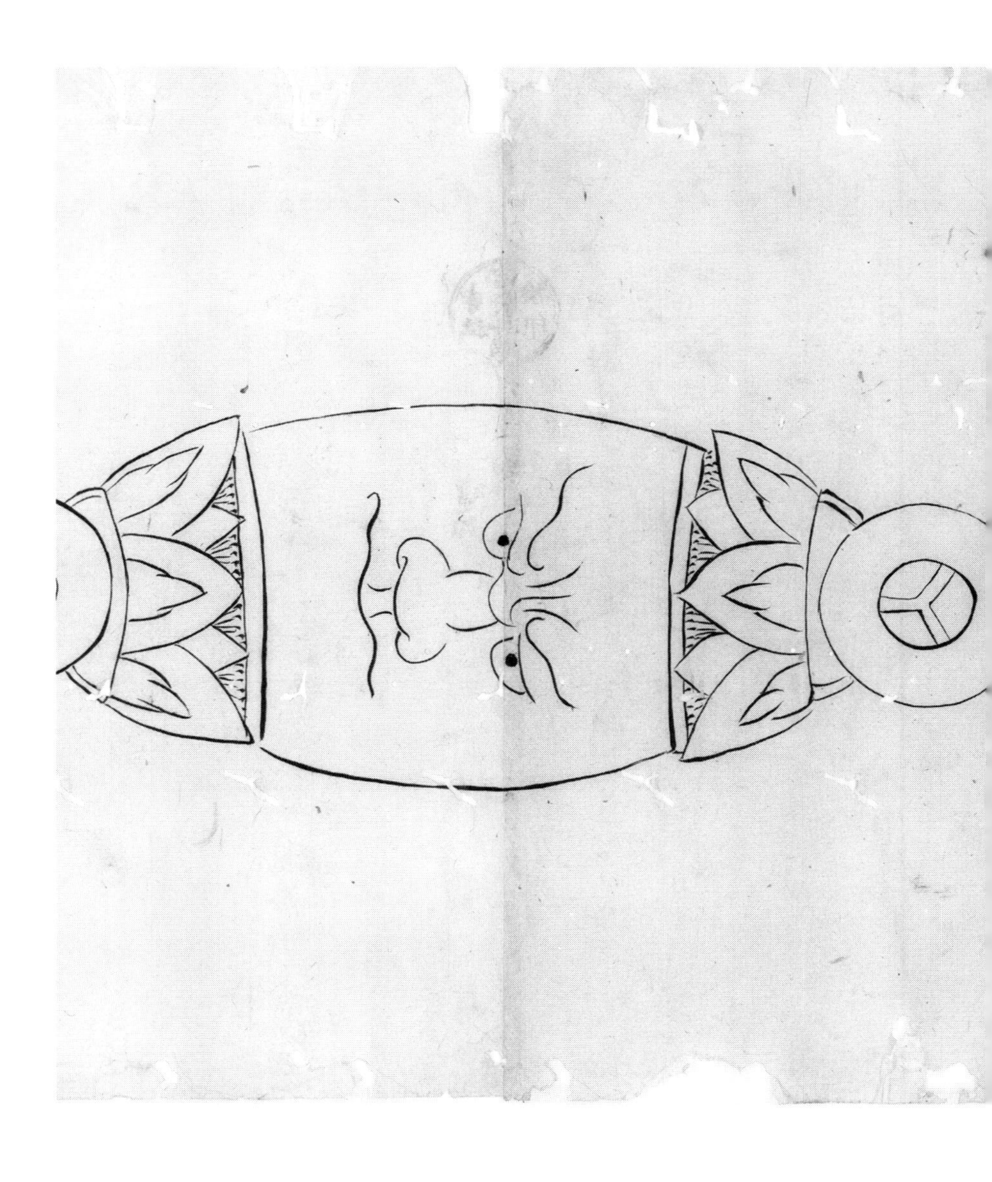

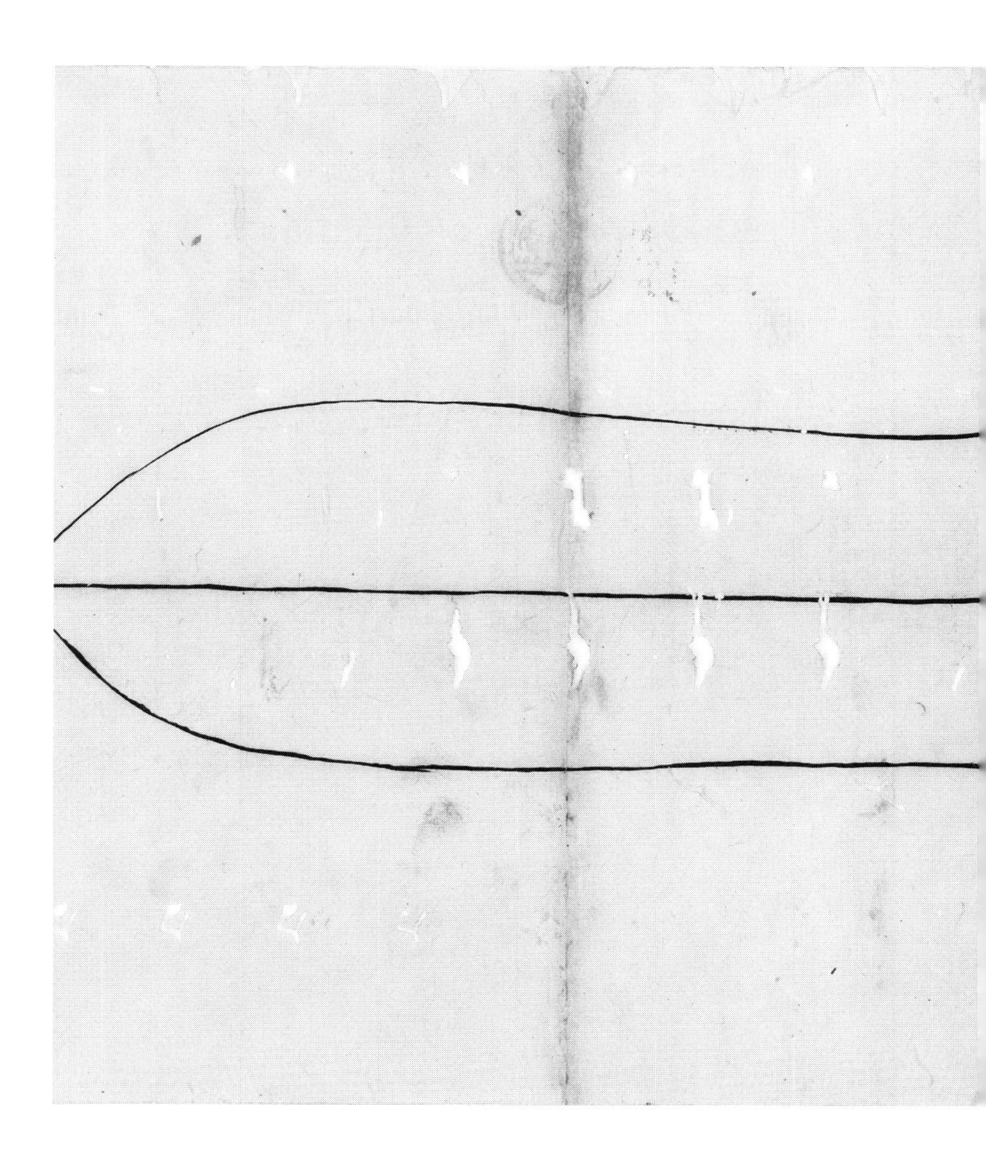

宝釼図注

影印・翻刻

寶釼圖注

第六十[illegible]

方今此法釼畐三股欄下銘云久成古佛處持
塔釼 佛者梵語覺漢名心蓮開敷華 始本二覺之佛神心為佛塔 更同
於鎮護眼精也 [illegible]惠眼之明神依風住 日月輪和光垂迹鎮將 更同
佛法根本之首足 [illegible]字本不生頂上縫目足地觪名句文 身之徼名句鋍曇正髭足三百三點三諦
根 又云每三世諸佛成道此法釼從海中来 [illegible]字 五輪
元
塔形五龍持寶釼形
二風中間釼形 更同
自七佛嫡持此方 貫線經文 七佛通戒法藥治方之
及予第十五代也 至十五日因滿世尊之拳并者不空 成就之釋尊尺迦牟尼名毗盧遮那法身
欄右同銘六輪龍索 五大五輪外加識大者 五龍六龍名也

同欄雙圓形、於内心中之觀日月明咒神咒順逆旋溥更同
同左南 南方灌頂智軍荼利明王神明又神
上三重 三部之結成 上三股 遍知院之三角形凡聖廻心
鈷形中央樋ヒ 火樋同訓知之 又鈷躰五大相輪經譬如虚
空界。六地火界風界水界等別ス 同疏云後
說五種譬喩 所謂虚空地水火風也 初句云譬
如虚空界離一切分別、無分別、無無分別、如一
切智離一切分別、無分別也 分別者如此即是
毗婆娑義 虚空無邊無德 今如來智身離一切
過万德成就云何得相喩耶 但取其少分目ス
況大空耳。此中相況有三義 一者淨故 二者

⊢ 1紙

厶以大空耳、山中相以有三義。一者遠離故。二者
無邊際故。三者無分別故。一切智心性、金界智心亦如是故
厶入厶世間易解空辟難解空也。猶如無妄執分別故
無分別を亦無也　宣私云有砂分相似之異本無砂子平
智心者心劔三角形同更　佛骨、五大所成塵砂更同　私云此空下三重異釈
如大地。八風不能動搖。如火界焼一切薪無有厭
足。焼戯論煩悩皆盡此恵光。無所依如世間之火
成一切智物。見如實道次第成就一切佛法。如風
界除一切魔。又如風性遍無所依。佛除一切障
蓋煩悩令證得清涼法性。又一切善法増長
摧棟無明大樹　私云無相大樹之異本有頭宗違情　無明分域故　二本心同
如水界一切衆生依之歓喜。復本性清潔　私云今多略異文引

復次説此五種字即是發起下文五字義也又
有ゝ而何ゝ又如世間種子以水火風為縁虚空
不尋然後得生随闕一縁終不増長今一切智性如
来種子如是所用一切智門五義自為衆縁能至
菩常住妙果　私ゝ空地火風ゝ頂点相即　順逆横竪皆行無盡法門習之
宣案之ゝ種子五大具足一切有形ゝ五大ゝ諸ゝ尖　見疏文　更ゝ待
釼右傍梵篆ゝ銘　胎蔵覚母梵文胎御師　門ゝ文入蔵秘密曼壇
為堅固結界也　私ゝ玉篇秘ゝ神密ゝ蔵也知之ゝ壇字祛壇　因壇ゝ真言者因壇曼荼羅人不二
問下文諸佛与予知是無人　知是二字ゝ　反度可讀　此法釼畐者三
寶名相也法文備形　如意宝　畐　佛名　又諸神躰相　利　偶

ㄴ　2紙

迦羅龍神呑惠釼ト絶見
又本朝三種寶物此釼有習
神明外金剛部ホ類
内侍所 辛櫃 梵篋 神璽 如意宝珠 龍神 宝釼 法名 宝音 秘ホ神代
十二代者佛說十二部經也其經名法本 国常立 家社 應頌
徒一字 重說 記別 豊斛佛性宝珠 應洪名義 已上色界三天乃三代間純男
形孤畫泥五移歟天少前相者孤也 目縁 左右定 惠能嬰戸
自說 而之自己而目 如語自說 本事 伊諾夫妻之 祀懐事業 本生 天照大神之私本之民 大神臣民者末葉
方廣 方廣五行廣遍 譬喩 天忍穂耳一文天し 火 杵火珠 謂成日珠 未曾有
五代畏祖之天照与此神来下 論義 鷦鷯 姓之二論相次 不合内外 扶来
于天下 實未曾有也
國木方野馬空手判 秋津州 露滴 王衡 刹利種之 秋尊天帝
秋之漢名 速末羅州之八中州 研神章心云日本當八中 州之速末羅州こ 更同 秘葉

更同
倶舎論羅刹婆多
居者指神蛮迹歟　仍法花照東之一籠十　東寺廣同類
現量於東漸之一國統諸方之多名十方諸佛之彌
讃六方恒沙之證明矣大尊法十佛大日名以一窯方
之遺告於三平寸文加几咚之秘号大廣博之帝杖
宮下轉门之成道社殿多少器仗巧紛互為愛
渧神宮道詞之隱名相傳八代之社義此鈎者東方
不動佛之外金剛部　南方如意宝之宝生開敷花王
之儀西方龍方之龍神頭北佛陁之佛身寸空雙
天之二龍上下天二之雙海口傳多　更同
右於大日法文者合大日本風儀載日輪者神髮回流

└　3紙

縛意密号心神遍作飛日輪破睛之天照之遍照揮金
剛摧迷ヲ之金剛号観世音之仏身得度仍金剛之
神名初後不二同更十如是逆順無尽無余之説相惣持
惣相之口伝依尾州澄毫闍梨之懇意、滌筆尓
物急ソウ草葉、騰墨ニ俄ツ為ヤユス付明暁之鷄キ尾現作ニ
臥癰瘡サウ之病席セイニ記之

└ 4紙

（端裏外題）
宝釼図注　第六十四合

方今此法釼図三股橛下銘云、久成古仏処持
塔釼（仏者梵語覚、漢名心蓮開敷華。始本二覚之仏神心為仏塔更問）
於鎮護眼精也。（[梵字][梵字]恵眼之明神、依風住日月輪和光垂迹鎮将更問）
仏法根本之首足（[梵字]字本不生頂上縫目足地体、名句文身之教、名句鉢曇正翻足、三目三点三諦）
（根元）又云、毎三世諸仏成道此法釼従海中来（[梵字]字五輪）
（塔形五龍持宝釼形二風中間釼形更問）
自七仏嫡持此方（七仏通戒法薬治方之貫線経文）
及予第十五代也（至十五日円満無礙之挙廾者不空成就之釈尊。釈迦牟尼名毘盧遮那法身）
橛右同銘六輪龍索（五大五輪外加識大者五龍六龍名也）
同橛双円形（於内心中之観日月明呪神呪順逆旋転更問）
同左南（南方滝頂智軍陀利明王神明人神）
上三重（三部之結成）　上三股（遍知院之三角形凡聖廻心）
釼形中央樋（火樋同訓知之）　又釼体五大相輪。経譬如虚
空界○大地火界風界水界等略引。同疏云、復
説五種譬喩所謂虚空地水火風也。初句云、譬
如虚空界離一切分別・無分別・無々分別・如□（是カ）一
切智々・離一切分別・無分別也。分別者如此。即是
毘婆娑義。虚空無辺無徳。今如来智身離一切」（1紙）
過万徳成就。云何得相喩耶。但取其少分相似
以呪大空耳・此中相呪有三義。一者○浄故○二者
無遍際故○三者無分別故・一切智心性（金界智心）亦如是故
以世間易解空譬難解空也○猶如無妄執分別故
無分別亦無也（宣私云、有砂分相似之異本。奥砂子平仏骨五大所成塵砂更問）
智心者□釼三角形（更同）　私云、此空有三重異釈。
如大地○八風不能動揺○如火界焼一切薪無有厭
足○焼戯論煩悩○皆尽此恵光○無所依如世間之火
○成一切智物○見如実道次第成就一切仏法。如風
界除一切魔○又如風性遍無所依。條除一切障
蓋煩悩令証冊清涼法性。又一切菩薩善法増長
摧壊無明大樹（私云、無相大樹之異本者顕乗遮情無明分域故二本心同）
如水界一切衆生依之歓等○復本性清潔（私云、今多略具文引）
復次説此五種喩。即是発起下文五字義也。[梵字]

[梵字]（云云）　又如世間種子、地水火風為縁、虚空
不礙。然後得生、随闕一縁終不増長。今一切智生如
来種子如是。即用一切智門五義、自為衆縁、能至
芹常住妙果（私云、空地火風頂上[梵字]字相即順達横竪角行無尽法門習之）
宣案之[梵字]種子五大具足一切有形五大塔婆（見疏文更□得）
釼右傍梵筐銘（胎蔵覚母梵文調御師）　同左文以蔵秘密奥壇 2紙
為堅固結界也（私云、玉篇秘神密蔵也知之。今壇字社壇円壇也。真言者円壇曼荼羅人法不二）
問、下文諸仏与予如是無人（知是二字毎度可読）　此法釼図者三
宝名相也。法文僧形（如意宝）　図（浮図仏名）　又諸神体相（倶利）
迦羅龍神呑恵釼蛇見神明外金剛部等類　又本朝三種宝物此釼有習。
内侍所（辛櫃梵筐）　神璽（宝珠龍神）　宝釼（法名宝音）　私□（案カ）神代
十二代者仏説十二部経土也。其経名法本（国常立最初）　応頌
国狭一字重説　記別（豊斟仏性宝珠応供名義）　已上色界三天仍三代間純界
形孤善泥土移為天少前相者孤也　因縁（太广左右実恵扉双戸）
自説（面足自己面目如語自説）　本事（伊諾夫妻之抱懐事業）　本生（天照大地神之根本之民大神臣民者末葉）
方広（天忍穂耳□（之カ）丈夫也方広五行広遍）　辟喩（火□□（瓊々カ）杵火珠謂成日珠）　未曽有

五大囊祖之天照与此神来下行天下　実未曽有也　論議（鸕鷀葺不合内外姓之二論相次）　扶桑
国（木方）　野馬台（午州）　秋津州（露滴）　王胤（刹利種之釈尊天帝）
釈之漢名更問　遮末羅州之八中州（研神章心云、日本当八中州之遮末羅州云云　私案）
倶舎論羅刹婆多居者指神垂迹歟　仍法花照東方（籠十方）　東寺広同類
現量於東漸之一国統諸方之多名。十方諸仏之称
讃、六方恒沙之証明、六大無礙法、十仏大日名、以一案万
之遺言於三平等文、加凡終之秘号、大広伝之。帝釈
宮下転門之成道、神殿多安器仗、弓箭王為愛」 3紙
染、神宮道詞之隠名、相伝八代之社義。此釼者東方
不動仏之外金剛部、南方如意宝之宝生・開敷花王
之儀、西方龍方之龍神頭、北仏頂之仏身、等空・双
天之二龍、上下天二之双海（口伝多更問）
右於大日法文者合大日本風儀。*1載日輪者神髪円流、
転意密号、心神遍作、飛日輪破暗之天照之遍照、揮金
剛摧迷之金剛号、観世音之仏身得度、執金剛之
神名、初後不二（更問）　十如是逆順、無尽無余之説相、惣持
惣相之口伝。依尾州澄豪闍梨之*2懇慮、染卒爾

物窓ソウノ草案之轄墨ヲ、俄烏カラス付明暁之鱝*3キ尾、現乍ニ臥癰瘡サウ之病席セキニ記之。」4紙

*1 裏書「戴イ」
*2 裏書「證イ」
*3 裏書「驥イ」

法釼図聞書

影印・翻刻

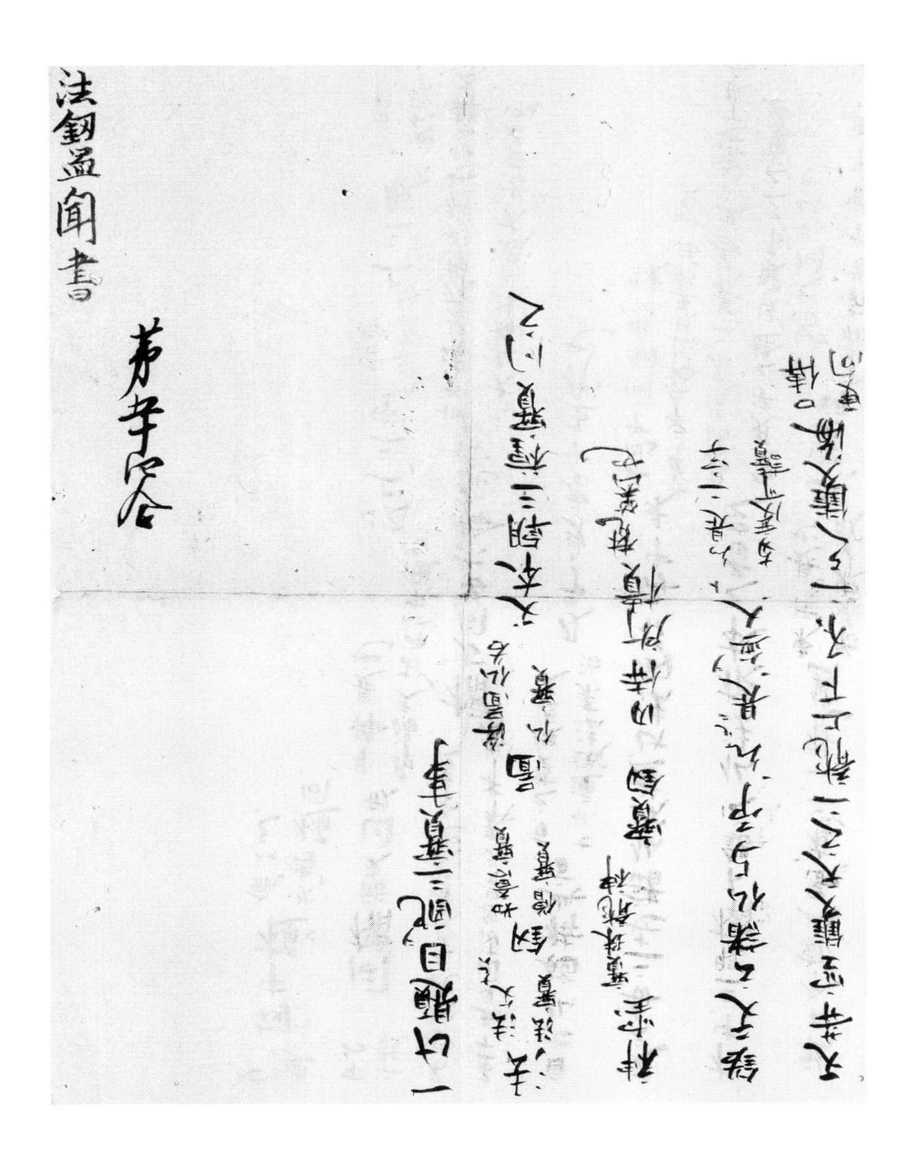

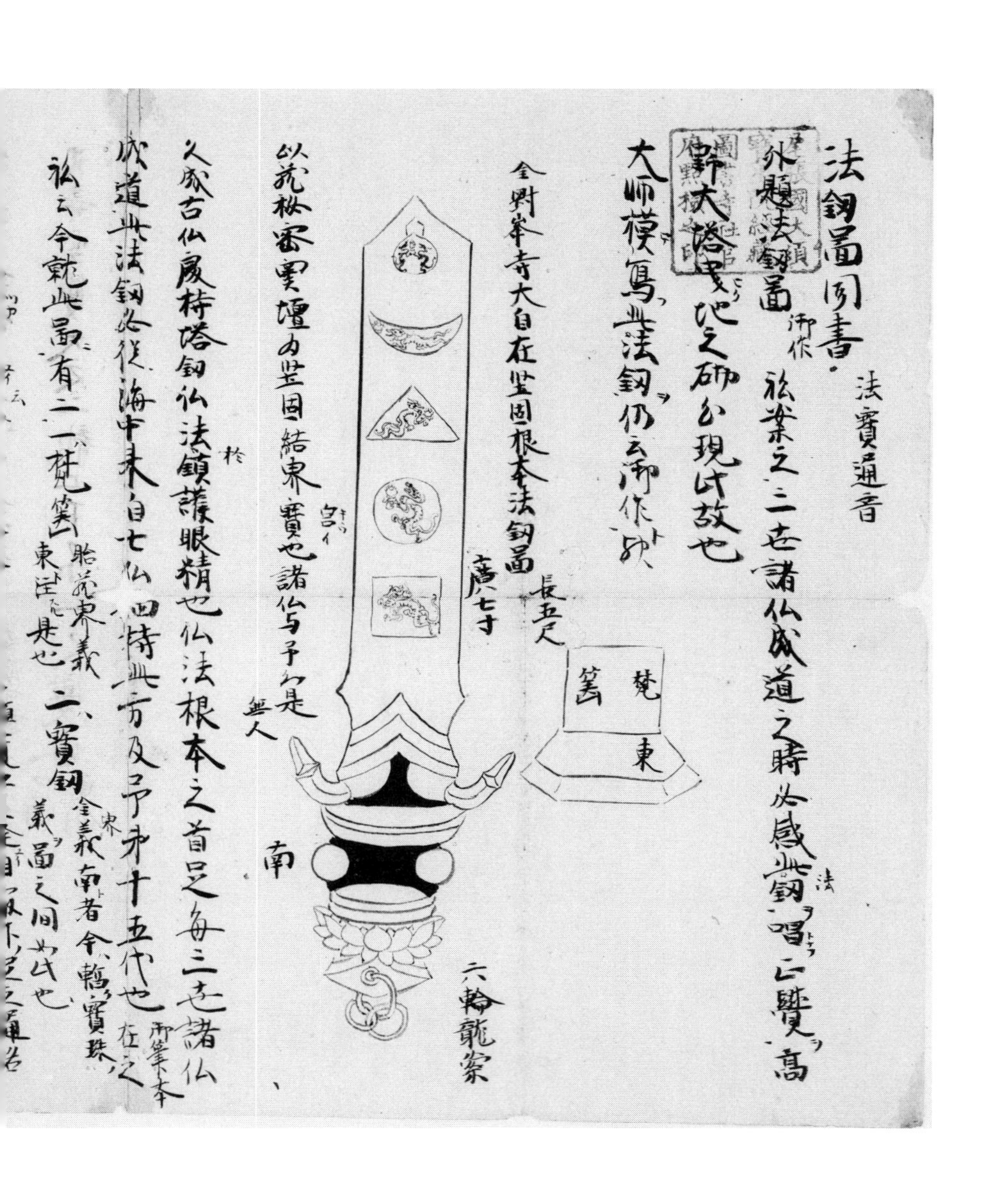
法釼図聞書

法寳通音

外題法釼図 御作 弘法大師之三世諸仏成道之時必感此釼唱正覺高野大塔安置之砌示現此故也

大師模寫此法釼仍云御作歟

金剛峯寺大自在堅固根本法釼図 長五尺 廣七寸

以梵秘密曼陀羅堅固結界寶也諸仏守予是

無人

南

久成古仏履持塔釼仏法鎮護眼精也仏法根本之首足毎三世諸仏成道此法釼必従海中来自七仏四持此方及二尸弁十五代也 兩筆本在之

弘云今就此図有二一梵篋 胎蔵界義 東是也 二寶釼 金剛界義 南者金剛寶珠 義図之間如此也

於中ニ三股欄下銘之仏法根本之首足 頂上丸字之縫目欄下足之蓮花
是前後不二ノ義甚深之意也可秘之
又云毎三世諸仏成道此法釼従海中来 ヲ字五輪塔形五龍持寶 二尺中同釼形 同
自七仏嫡持此方 七仏遍識法来治 方之貫線空文 及予身第十五代也
至十五日因高無畏之奉井者 欄右同銘六輪龍象 五大五輪外ニ加識大ヲ者五者四也
不空成就之尺尊尺迦牟尼 サナ法身大日六龍也空輪之
二龍 可ム 同欄錢叉因形 即海文ノおろ心中鏡ヨ 月輪是也 次上ノ三重ハ三アノ之 浩成 上ノ三股ハ遍知院之 三角形也
遍 釼中樋ニ火ト与樋同
心 訓ム之

(外題)法釼図聞書　第五十四合

法釼図聞書法宝通音

外題法釼図御作　私案之、三世諸仏成道之時必感此法釼ヲ唱（トナフ）正覚ヲ。高野大塔曳（ヒク）地之砌出現此故也。

大師模（テ）写（フ）此法釼ヲ。仍云ニ御作ト歟。

金剛峯寺大自在堅固根本法釼図　長五尺　広七寸

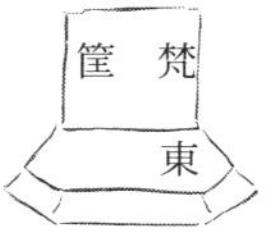

梵　筐　東

南

無人

六輪龍索

以就秘密奥壇内為堅固結界宝宮（キウ）イ也。諸仏与予知是無人

久成古仏処持塔釼仏法於鎮護眼精也。仏法根本之首足。毎三世諸仏成道、此法釼久従海中来。自七仏ニ嫡持此方ヲ、及予ニ第十五代也御筆本在之

私云、今就此図ニ有ニ二。一梵筐ハ胎蔵界義。東注（トスル）是也　二宝釼ハ金界義。南者今暫（ハク）宝珠ノ義図之間為此也

於中ニ三股欛（ツカ）ト銘（メイ）之云々。仏法根本之首足頂上𑖀字之縫目最下足之通名、是物後不二義其深之意也。可秘之

又云、毎三世諸仏成道、此法鈔従海中来。[illegible]字五輪塔形五龍持宝二風中間鈔形更問

自七仏嫡持此法七仏通誡法葉治方之貫線経文　及予身第十五代也。

至十五日円満無礙之挙芥者不空成就之釈尊釈迦牟尼　欛右同銘六輪龍索五大五輪外加識大者五名毘ルサナ法身大即六龍也。空輪之

二龍可知　同欛双円形即論文於内心中観日月輪是也　次上三重三部之結成　上三股遍知院之三角形凡

通心　鈔中樋火与樋同訓知之

（裏書）
一此題目配三宝事

法法文法宝　鈔如意宝僧宝　図浮図仏名仏宝　又本朝三種宝同之。

神璽宝珠龍神　宝鈔　内侍所樻梵筐也

銘文云、諸仏与予知是無人知是二字毎度可読

又等空・双天之二龍、上下不一之双海口伝更問

麗気血脈

影印

大日如来　金剛薩埵　龍猛菩薩
龍智菩薩　不空三蔵　恵果和尚
弘法大師　堅恵法師　聖賓僧正
観賢僧正　醍醐天皇　村上天皇
円融法皇　一條院　後一條院
性信二品親王　寛助大僧正　覚法二品親王
覚性二品親王　守覚二品親王　道法二品親王
道助二品親王　道深二品親王　法助准三后
性仁二品親王　頼瑜権大僧都　宏瑜権大僧都
鑁海大法師　儀海法印　宥恵律師
信瑜律師

麗気制作抄

翻刻

第六十四合

麗気制作抄　延喜作

（鹿米抄）「[花押]」表紙

《白紙》」見返

麗気制作抄

●延喜御門御作也。（朱点、以下同）　其子細被書第三『五歟』
天照太神鎮座次第ノ奥書ニ見也。彼文云、神代金剛
宝山記幷日本書記中ニ天照太神事、雖所明多一
十八所後ニ伊勢ノ五十鈴川ノ上鎮座ノ事、諸記不
具一深義ノ故ニ、即位十年正月ノ一日、発偽祈仏告
神一。同廿一年正月十八日、入ニ秘ノ汀壇一、以加持冥
力一獲奥旨一、於龍神指南一、所記如右一。輙及披見上者、
加冥応一令治罰一給文。」1オ

●同書汀事

天照太神五代尊、自神武天皇以来、至嵯峨天皇、
五十二代王位御相承也。爰嵯峨天皇奉授　弘法大
師給也。神祇方ニハ卜部『ウラヘ』相承也平野神主事也
彼印信云、

●麗気灌頂印信

外五股印　　金剛界　　五字明
　　　　　　胎蔵界　　五字明　　已上二
無所不至印　五仏種子　五阿　　　已上二」1ウ

凡受此法ヲ時、懸利劔本尊一、備香花一供具一敷
浄薦一、並居而結ヒテ誦外無、印明也。師資互再
拝後、外五古印ヲ二人シテ一印ヲ成也先所化右、能化左ニテ結事也
次共再拝シテ後、両人如先印ヲ結也先能化右、所化左。明共ハニ
両界ノ五字也。両度誦スル也。無所不至印明、結誦作
法如先。

●利劔本尊事

断惑証理本尊也。

●次御即位法事」2オ

印信別在之。四海領掌印信明、自　天照太神在之。初後二印明大師始加　申伝也。付神祇三箇秘法中随一也云々。

●太祝詞事

岩戸祭主嫡流也。此人者安徳天皇御祈師西海供奉故、粥見祭主為仲召サレテ、可被補祭主由儀、蒙　勅定処、太祝詞事無相伝之由令申間、後鳥羽院、以御振筆、彼大事書下訖。其時又露云御硯賜之、彼家相伝」2ウ于今在之。彼印信在之
掌解除宣　文。
法神等以下神記本記意也。或説下　後白川院相伝句也。
惣秡ノ　灌頂、最秘説故、不挙。印明等可在印信云々。開天岩戸給事、天ノコヤネノ命、依秡ノ　汀故也。天神地神納受、尤可憑者哉。

●法神言事

秤」3オ
比具礼々々等、威音王仏真言也。三世三劫先五十三仏内歟。

●三光事

天竺有情始、光音天降月尊故、月氏国申。唐土盤古王有情始也。是星尊ナルカ故、辰旦国云也。我朝日尊ナルカ故、日域云也。

●登隅嶋事

行基菩薩、天竺タラ葉ノ木、此嶋殖給ヘリ。今ハ瑞ノ栢云也。九月新嘗御祭此瑞柏」3ウ取、御供備也。神宮御供備　切落、水上スクニ立、横成タルヲハ不取也。
万葉集云、我恋ミツノカシハニ事問ヘハ
沈ウクハ涙也ケリ

●出雲十月神在月云事

自一日至十五日、日本諸神影向、国造。自始神人等、鼓打、笛吹神楽致。自十五日至晦日、異国ノ諸神帰給、神楽致サハ、此国留御座、物音留」4オ夜成ヌレハ、指出事無之、異国ノ神達行合給云伝タル也。榊ヲ海ノ辺立、神事致、神人堅守之。敵持タル者、忍榊枝折、其敵忽死。若折懸之、大事悩也。異国神、松木船造送奉。帰御シルシニハ、朽縄霜月ナキサニ寄ル也。是取守護方出也。日本ノ朽縄不似、尾平太、首ホソニ、イロコ等替也。異国着由ノ御使也。

●大仏殿事」4ウ

聖武皇帝、三国第一大伽藍造奉為、行基菩薩為勅使、太神宮祈請給、御託宣云、七言四句偈、如余所、婆羅門僧正持来御舎利一粒、菩薩太神宮献。御託宣、仏舎利名詮自性故、埋飯高郡。御舎リノ福与我神、三国第一伽藍可奉造也。内宮御前杉木ウツホニテ、所申給シ時神告也。今仏舎リ涌杉木在之也。登隅嶋御法施、自可納受由入給後、御願成就帰時、一」5オ夜中山涌出、十六丈盧遮那仏・観音・虚空蔵三尊、山顕給。于今相好具足。毎年地下ノ役、大仏修理号、草削平、雨降相好自顕也。土大仏号スル也。此大仏御覧、半身移、坐像三尊造。南都大仏是也。平家乱時、重平卿、大仏廻禄地成。春乗房上人、諸国勧進、大仏造時、頼朝ノ語得、昔改公家咒詛、武家繁昌様造也。其故、大仏左右御眼、大梵天王左右御眼」5ウ取造給也。昔左虚空蔵、片足踏下、頭踏給由作。虚空蔵下梵天造。其下鳳凰造也。右観音片足踏下、朝家可仕由表。観音下帝尺、其下龍造也。
虚空蔵帝祖神国常立尊造。観音
天御中主尊造。臣下ノ祖神也。而春乗房、
虚空蔵・観音御足引上、同坐像帝与
臣二一躰由造。又四天王高造、本尊見下、
武家繁昌意也。光大少成、公家」6オ
咒咀也。後酉酉天皇、此事知食、一統御
時、必大仏造改御勅定アリキ。

●猿田彦神事

人寿八万才之時、第三尊瓊々杵尊御降臨之時、天
八チマタ鼻長物参合。天鈿女命問答有之。此
神猿田彦々神申也。今神ノ御前ヲ祓フ
鼻長此表示也。大田命彼猿田彦之先祖也。

●仏神異事。

天竺仏本地、神ヲ垂迹云。我朝神」6ウ
本地、仏垂迹云也。三世諸仏、イセ国五十鈴川
辺、前加行、十方ノ浄土正覚昌給云也。今
日教主尺尊、五十鈴川加行シテ、五天
竺生給云也。御託宣云、代皇天、従機説法文。
天照太神反作云テ、西天従機八万法蔵
説給。不渡仏教以前、太神御託宣、西天真人
在示給。仏神内證不二、化儀異也云トモ、
本旨利衆生本スル故、種々示現在之。
千反万化、種々形顕シ給故、不可偏執也。」7オ
末代邪神充満虚空、可悩人。故太神兼
止託宣文。

●神璽事

外宮御鎮座後、相殿神（太玉神也）奉斎、倭姫命、
五百歳後、神去逃時、禰宜司官、御跡
尋追奉。両宮間中村云所小家内入玉、
臼ノ上登、杵横以御座間、禰宜等此事
告。迷故三界城、悟故十方空、本来無東西、何所
有南北。四方此文アリ。立帰奉見、杵臼上」7ウ
枕有之。御身周長一寸米成給ヘリ。此米

取、神璽ノ形造、本神璽取替奉、
内裏進覧。于今内裏神璽ニテ御座也。

●天村雲命事

皇御孫尊、自天御降臨ノ時、為御使自天神
賜水。琥珀瓮水入、半分日本水ソ、
ク。故水浄。半分ヲハ皇御尊御供備為、外宮
御井、神躰奉斎。不増不減水也。
外宮坤角社是也。丹生「イセ」8オ
二高見森 イセト大和堺也。水分ト号。二　雨師大明神 宇田郡仏隆寺 三
河内天野大明神 四　奥院、但依此神誓、不可
説降臨幷本記者也。後小橋命、又天二下
命云也。扁召直岡。口伝也云々。
『一』●第一、二所太神宮麗気　役塞行者説文。
金剛山ノ石碑文也。上々下々、渡相沼木平尾、
『二』●第二、降臨次第々々。内題云、神天上地下次第。
葛耳『ツタヘキク』。大苦辺[梵字] 我也。[梵字]云八葉也。
八葉間又八葉アリ。二八十六、三度行水」8ウ

三時行水也。七度七瀬祓也。
奉崇敬 [図] 如此ナルヲ、千木高広ト云也。中ノツシヲ御座也。
麻乃見、アサハミトハ、田ノアセヲ云也。
『三』第三、降臨次第々々。内題、豊受皇太神。
天日尾　天尾命　イナ光トハ、神ノナラヌ時アル
イナツマ也。イナツルキトハ、神ノナル時アルヲ云也。
『四』第四、天地麗気。神仏ウルハシキ事
下々来々『マタクウコカサルトコロノ神也』和曜与一二定、マタナレルト云、
アマタニナルヲ云也。無主時、一分二心也。主仏法也。」9オ

瓊々杵尊

所称玄龍車、追真床之縁錦衾文。自公家奉
献豊受大神御服有三。一玄龍車追マフ
スマノキムカエ。是ハウキヲリ物、龍与車ヲリ
侍御衣也。二フセテウノ御車御衣。是水車
龍白雪ヲリタル也。已上ノ御服外宮御服也。
本天フレル也。厚三寸計アリ云々。爾時八十

柱由良止布理部、聖徳太子御作
旧事紀云書アリ。此文中、部字二所アリ。」9ウ
是ヨマサル也。十種神財下注、上字中字下
字云ハ、大師御筆ノマスタノ碑文見、丄丄、
此三字、如此被遊タリ。波瑠布由良○　此金
剛宀山咒也。又イセノ禰宜、此咒唱也。終年三主、
終年年数フル事也。三主天地人ノ主也。
恤　幸生　坐　誓　言　孔　照　也。元気、元　　也。元
无、共ナシトヨム也。
八心即続八心者八正道　真　実　ヲモウシトハ重也。カタウ
シトハ堅也。国家幸甚〻〻。国家幸甚拍掌」10オ
名也。拍掌音国家幸甚云音也。陰陽共
生於万物之類。是火水精也。今文上下能〻可見合。
『五』第五、鎮座麗気記。内題、天照皇太神鎮座次第。
『六』第六、鎮座次第〻〻。内題、伍什鈴河云〻。五十鈴内
外両宮共此内坐也。山田原、但外宮御坐
処也。右天児屋命前後　太玉命後前。マヘウシロハ、
マヘトハ面也。ウシロトハ裏也。前ヲ始スルハ男神也。
後始スルハ女神也。左右上下神、左右上
フリ、下フル也。頭振女神頭フル也。」10ウ
二輪御霊鏡文。月読命月神也。内宮河
ヘタテ、別ノ御社也。外宮一町計ヘタテ、御
坐也。其処ノ人、此御名宇佐宮云、不可然事也。
天鏡坐文。ミツカ、ミトハ、ルリノ鏡也。扇一枚石扇也。
扇ノ形石也。
『七』第七、心柱麗気記、職界一切有情也。
『八』第八、神梵語〻〻〻。乍照大日霊尊文。乍字不読也。
尾坐隠ヲヒカクル、也。、両宮ノ御在所、共地埋、本マ、
二尺ヨリ金剛ルリノ地不被崛也。」11オ
生時始、一水在心。此花厳経文[梵字]
此梵篋也。御袋物文。御膳入物也。手此不着云
心云也。並数文。スタトハ衆生也。不亘不動文。不亘
云ハ不生云也。不動云不死云也。
神内蔵也。神字ヨマヌ也。ヨムトモアリ。

『九』第九、万鏡霊瑞記。大仏開眼鏡文。神御鏡ノ寸ヲ、黒眼寸本大仏造マイラセタル故、十六丈ノ仏三国第一大仏御坐也。流鈴文。常鈴也。経五立地五代云也。事代シロシメスコト、」11ウ世下文、不以ノ字不読也。陽律磐邑文。ミナミキシノイハヤト者、持双山ノキシノイハヤ也。イカナル時不動破也。両宮鎮座終クセノ文也。

『十』第十、神号麗気記、傘キヌカサ。

『十一』第十一神形注麗気記

一鏡中、有二八葉、ヽヽ間、有半三股文。此巻奥有神図也。此図一二三等ノ字アリ。吉可見。一鏡中、有五大月輪。ヽヽ間有八幅金剛○文。此奥第二図也事、但五大月輪ノ上、方・円・三角・半月・団形」12オ五輪形也。又阿梨樹王者、天帝尺ノ御名也。一輪中四智鈴文。此時ノ図カキヲトシタカト覚也云ヽ。諸鈴画図有也。但金剛宀山ノ記有ヤラン。神躰如馬鳴菩薩画図、天降巻也。

『十二』第十二、三界表ヽヽ

示云、応神天王即位五年二月八日、文字始日本渡。其文天地ヒラケアラハス詩也。中詩上下二巻也。上ハ天部、下地部也。此詩イセ神躰御形入マヒラセタルヅギノ御倉一部有也。」12ウ今現在。予拝見、宇治ノ法蔵納ラレタリケレハ失タル也。東大寺ノ大仏ノ御身中被納タリケルハ、焼失ノ時焼。此詩作者秦始皇父也。其名秦照襄王申文云。入文文。今ノ文ノセタル真言文云也。今両部灌頂五部不二心述也。得其心可見。又打鉢鳴鏡等事、灌頂元起也。文ノ下他入龍宮文。龍宮衆生云也。

文云、天札抄文文。天札抄者日本国ノ事」13オ記、梵天ヨリ下シ給ヘルフミ也。皆梵字也。示云、灌頂ノ根元在此巻。奥アル図両界也。初金後胎、三五部五輪、方・円・三角・半月・団形也。

重如月殿是也。五峯楼閣此ナレル形也。終
独古形、三界鎮座杵也。中ノ鬼目ハ上下天地
物ヲイヒツク形也。
『十三』第十三、現図麗気記
文云天地日月二変 水火円満文。火雖有天
光下クタリ、水雖有地用ハ上通。水火」13ウ
互上下。日月水火也。日ノ光ヒルハ照地
夜火気天昇。月光夜照下ヒルハ水気
天上。如此ナルヲ、フタモトリトハヨム也。
所詮、水火不二、互通也。遺教経、日可令
冷、月可令熱云、日月水火不二冷熱
互通心覚也。
私云、遺教経文、常料簡異也。但如此得意
無相違歟。文云、三霊文。初三神也。
文云、三戟利剱立 剱、三峯・六蛇・三握剱也。」14オ
三峯サキノ剱形云也。六蛇剱下ノムスヒ
タル六蛇也。自尾クヒテツラナレリ。六道輪
廻ノ躰ヲアラハス。三握剱三古ノツカナルヲ云也。
余如文。可得意。文云、重如月殿文。三界表ノ
巻ノ奥ノ図也。
示云、三神上下、是六蛇也。函内四蛇具十也。
一二三、此起。十種神宝十界平等躰
也。此巻奥アル図ノ六龍六蛇是也。
『十四』第十四、仏法神道〻〻」14ウ
文云、法花梵士文。法花梵士者、法花経説
妙法界梵士也。此外道也。广醯首羅也。昔
行法花人也。尸棄大梵説法之時対向衆
此我等行之法也云〻。即時得果、又説法花也。
文云、経云、舌相言語皆是法花○文。能可思見之。不
随悪見可存法意也。
神躰図四巻内、●一巻初三種宝。皆是神
璽也。然各別云時、剱宝剱、独古神璽、
三日月形内侍所也。地躰是三種一躰也。」15オ
●第二八葉円図アリ。此胎蔵界ノ神躰ノ

御鏡也。次五輪四八輪金剛界神躰御鏡也。●次尊形神躰付、第一宝冠ノサキ三宝珠アルハ内宮御躰、第二宝冠ノサキ五宝珠アルハ外宮ノ御躰、第三宝冠頂上一宝珠有、御説法御躰也。四方ノ中央五智御躰也。●一巻尊形御躰、如馬鳴菩薩御坐、外宮ノ御躰也。御前ノ四躰ヲ具五智如来也。左右各八躰、十六大菩薩也。八躰白杖」15ウ持給。白杖独古也。今世人、以白杖前ヲウハ此儀式也。又八躰三戟持給ヘルハ、降伏魔軍儀式也。一巻、三宝珠図也。神御躰、元ハ宝珠也。自一至二、自二至三也。次三剱アリ。前注如。一巻宝剱如前独古也。粗前了。此即印文也。

書本云、已上十八巻伝受了。印信在之。

今此麗気記、依金剛宀山記、以龍神指南」16オ天皇御記也。若背制禁、不秘之者、神罰何無之哉。尤秘可恐之云々。」16ウ

康応元年己巳五月日書写之。　寂俊

雖非其器、於末代有深信智広人者、其時可必為助筆者也。」見返

《白紙》」裏表紙

解題

『麗気記』・『神体図』解題

伊藤　聡

はじめに

『麗気記』は、本巻一四巻、図巻四巻都合一八巻から成る、最大の両部神道書である。各巻の構成は、①二所大神宮麗気記、②神天上地下次第、③降臨次第麗気記、④天地麗気記、⑤天照皇大神鎮座次第、⑥豊受大神鎮座次第、⑦心柱麗気記、⑧神梵語麗気記、⑨万鏡本縁神霊瑞器記、⑩神号麗気記、⑪神形注麗気記、⑫三界表麗気記、⑬現図麗気記、⑭仏法神道麗気記、⑮〜⑱神体図、である（伝本によっては「天地麗気記」を初巻に置く本もあるが、ここでは古態とされる「二所大神宮麗気記」始まる順序で示す。真福寺本の配列とも一致する）。成立は鎌倉中後期と考えられる。中世の両部神道系諸流派において、『日本書紀』に次ぐ根本典籍として重んぜられ、伝本が各地に残る。今回、ここに掲載される真福寺本は、現存伝本中、尊経閣文庫及び県立金沢文庫に所蔵・保管される称名寺伝来本と並ぶ最古本であり、且つ本巻・図巻を完備した伝本として、研究上極めて重要な意義を有する（但し、図巻の編成が他伝本と相違。これについては後述）。

一、『麗気記』正本・副本について

昭和初年に行われた黒板勝美を代表とする調査団による真福寺調査の成果をまとめた『真福寺善本目録』（一九三五）には二点の麗気記が着録され、以下のように記述されている（便宜上A、Bとする）。

【A】麗気記　十六巻
鎌倉時代末期及び皇家中興時代写本、巻子本、有界、二所大神宮・神天上地下次第・降臨次第・天地・皇太神鎮座次第・五十鈴河山田原豊受皇太神鎮座次第・心柱・神梵語・万鏡本縁神霊・神号・神形注・三界表・現図・仏法神道記の十四巻及び別に天地麗気記・三界表麗気記各一本あり、十四巻と紙質筆跡を異にし、鎌倉時代末期書写にかゝる、現図麗気記を除く他の十三部は続群書類従巻第五十九に収む、但し順序を異にせり。

【B】麗気記　一帖　縦七寸六分　横五寸五分
室町中期写本、粘葉装、紙数四十枚、押界、表題には「万鏡麗瑞記」とあれど、その他に五十鈴河鎮座次第・心柱・神梵語・二所・現図の五麗気記をも含む、表題の下に「次二五十鈴河麗気記次二心柱麗気記次二神梵語麗気記次二二所太神宮麗気記次二現図麗気記以上合本」と朱書す、他の九麗気記も同時に書写されしも今之を失ひたるものか。

黒板調査団の見解では、『麗気記』の本文に関して、全一四巻完備の巻子本、「紙質筆跡」を異にする天地・三界表麗気記のみの巻子零本、粘葉装の一冊本（但し連れがあったはず）の三種類が真福寺に伝来したと考えているのである。

今回、これらを比較検討した結果、黒板調査団との見解と違い、これらすべてが同一の筆であると判断した。ではなぜ、複数の写本が書写されたのか。そのことについて、検討するに先立ち、各本の書誌を以下に示す（図巻については書誌も含め後述）。

（1）二所大神宮麗気記　写本　巻子装　一巻

【整理番号】64甲合1号、【外題】「二所大神宮麗気記一　第六十四合」、【内題】「二所大神宮麗気記」、【尾題】「二所大神宮麗気記」、【法量】縦二九・〇糎、横（表紙）一九・七糎、（本紙）二二七・七糎〔紙数六〕（33・2、46・0、46・0、46・2、46・5、9・8）、【料紙】黄紙、【界線】墨界（天部二重）界高二一・五糎（1・3＋20・2）、界幅二・〇糎、【表紙】楮紙、縦二九・〇糎、横一九・八糎、【文体】漢文体、訓なし、【印記】〔巻頭〕「尾張国大須宝生院経蔵図書寺社官府点検之印」（朱方印）、〔縫印〕「寺社官府点検印」（朱丸印）、【備考】軸に二所大神宮麗気記一と墨書（後筆）。

（2）神天上地下麗気記　写本　巻子装　一巻

【整理番号】64甲合2号、【外題】「降臨次第麗気記二　第六十四合」、【内題】「神天上地下次第」、【尾題】「降臨次第麗気記」、【法量】縦二九・一糎、横（表紙）一九・七糎、（本紙）七九七・四糎〔二一紙〕（46・5、46・2、46・5、46・5、46・6、46・5、46・5、46・5、46・5、46・5、46・5、7・5）、【料紙】黄紙、【界線】墨界（天部二重）界高二一・五糎（1・3＋20・2）、界幅二・〇糎、【表紙】楮紙　縦二九・〇糎、横一九・七糎、【文体】漢文体、訓なし、【印記】（1）に同じ。

（3）降臨次第麗気記　写本　巻子装　一巻

【整理番号】64甲合3号、【外題】「降臨次第麗気記三　第六十四合」、【内題】「降臨次第麗気記」、【尾題】「降臨次第麗気記」、【法量】縦二九・一糎、横（表紙）一九・七糎、（本紙）三三九・六糎〔八紙〕（35・5、46・1、46・0、46・2、46・1、46・

1、46・3、27・3）、【料紙】黄紙、【界線】墨界（二重）、界高二一・四糎（1・3＋20・1）、界幅二・一糎、【表紙】楮紙　縦二九・一糎、横一九・一糎、【文体】漢文体、訓なし、【印記】（1）に同じ。

（4）天地麗気記　写本　巻子装　一巻

【整理番号】64甲合4号、【外題】「天地麗気記　第六十四合」、【内題】「天地麗気記」、【尾題】「天地麗気記」、【法量】縦二九・一糎、横（表紙）一九・七糎、（本紙）三八二・八糎〔九紙〕（44・4、46・3、46・0、46・3、46・1、46・2、15・4、46・1、46・0＋補紙）、【料紙】黄紙、【界線】墨界（二重）、界高二一・五（1・4＋20・1）、界幅二・一糎、【表紙】楮紙　縦二八・九糎、横一九・七糎、【文体】漢文体、訓なし、【印記】（1）に同じ。

（5）天照大神宮鎮座次第麗気記　写本　巻子装　一巻

【整理番号】64甲合5号、【外題】「鎮座麗気記五　第六十四合」、【内題】「天照皇大神宮鎮座次第」、【尾題】「天照皇大神麗気記」、【法量】縦二九・一糎、横（表紙）一八・八糎、（本紙）〔七紙〕（46・0、46・1、46・0、46・3、46・0、12・0、21・1）、【料紙】黄紙、【界線】墨界（二重）、界高二一・五糎（1・4＋20・1）、界幅二・一糎、【表紙】楮紙　縦二八・九糎、横一九・七糎、【文体】漢文体、訓なし、【印記】（1）に同じ。

（6）五十鈴河鎮座次第麗気記　写本　巻子装　一巻

【整理番号】64甲合6号、【外題】「五十鈴河鎮座次第　第六十四合」、【内題】「伍什鈴河山田原豊受皇太神鎮座次第麗気記」、【尾題】「天照皇大神麗気記」、【法量】縦二九・一糎、横（表紙）一九・三糎、（本紙）〔七紙〕（41・7、46・2、46・1、43・8、46・0、46・1、44・8＋補紙）、【料紙】黄紙、【界線】墨界（二重）、界高二一・五糎（1・3＋20・2）、界幅二・二糎、【表紙】楮紙　縦二八・七糎、横一九・七糎、【文体】漢文体、訓なし、【印記】（1）に同じ。

（7）心柱麗気記　写本　巻子装　一巻

【整理番号】64甲合7号、【外題】「心柱麗気記七　第六十四合」、【内題】「心柱麗気記」、【尾題】「心柱麗気記」、【法量】縦二九・一糎、横（表紙）一八・七糎、（本紙）〔四紙〕（45・1、46・0、45・8、46・1＋補紙）、【料紙】黄紙、【界線】墨界（二重）、界高二一・六糎（1・3＋20・3）、界幅二・二糎、【表紙】楮紙　縦二八・七糎、横一九・七糎、【文体】漢文体、訓なし、【印記】（1）に同じ。

（8）**神梵語麗気記　写本　巻子装　一巻**

【整理番号】64甲合8号、【外題】「神梵語麗気記九　第六十四合」、【内題】「神梵語麗気記」、【尾題】「神梵語麗気記」、【法量】縦二九・〇糎、横（表紙）一九・七糎、（本紙）〔六紙〕（46・1、46・0、46・0、46・0、46・1、44・8＋補紙）、【料紙】黄紙、【界線】墨界（二重）、界高二一・五糎（1・3＋20・2）、界幅二・二糎、【表紙】楮紙　縦二八・八糎、横一九・六糎、【文体】漢文体、訓なし、【印記】（1）に同じ。

（9）**万鏡本縁神霊記　写本　巻子装　一巻**

【整理番号】64甲合9号、【外題】「万鏡霊瑞記九　第六十四合」、【内題】「万鏡本縁神霊瑞器記」、【尾題】「万鏡霊瑞麗気記」、【法量】縦二九・一糎、横（表紙）一九・三糎、（本紙）〔五紙〕（39・7、40・3、40・5、40・5、37・1）、【料紙】黄紙、【界線】墨界（二重）、界高二一・五糎（1・3＋20・2）、界幅二・一糎、【表紙】楮紙　縦二九・〇糎、横一九・六糎、【文体】漢文体、訓なし、【印記】（1）に同じ。

（10）**神号麗気記　写本　巻子装　一巻**

【整理番号】64甲合10号、【外題】「神号麗気記十　第六十四合」、【内題】「神号麗気記」、【尾題】「神号麗気記」、【法量】縦二八・八糎、横（表紙）一九・〇糎、（本紙）三六〇・五糎〔八紙〕（34・5、46・0、46・0、46・0、46・0、45・8、45・5、45・8＋補紙）、【料紙】黄紙、【界線】墨界（二重）、界高二一・五糎（1・4＋20・1）、界幅二・一糎、【表紙】楮紙　縦二

九・〇糎、横一九・六糎、【文体】漢文体、訓なし、【印記】（1）に同じ。

(11) 神形注麗気記　写本　巻子装　一巻

【整理番号】64甲合10号、【外題】「神形注麗気記十一　第六十四合」、【内題】「神形注麗気記」、【尾題】なし、【法量】縦二九・〇糎、横（表紙）一九・〇糎、（本紙）二二四・五糎〔三紙〕（34・2、45・7、44・6）、【料紙】黄紙、【界線】墨界（二重）、界高二一・四糎（1・4＋20・0）、界幅二・二糎、【表紙】楮紙　縦二九・〇糎、横一九・四糎、【文体】漢文体、訓なし、【印記】（1）に同じ。

(12) 三界表麗気記　写本　巻子装　一巻

【整理番号】64甲合12―1号、【外題】「三界表麗気記十二　第六十四合」、【内題】「三界表麗気記」、【尾題】三界表麗気記十二、【法量】縦二九・〇糎、横（表紙）一九・五糎、（本紙）一九四・一糎〔五紙〕（37・8、21・9、46・2、46・2、42・0）、【料紙】黄紙、【界線】墨界（二重）、界高二一・五糎（1・4＋20・1）、界幅二・〇糎、【表紙】楮紙　縦二九・〇糎、横一九・六糎、【文体】漢文体、訓なし、【印記】（1）に同じ。

(13) 現図麗気記　写本　巻子装　一巻

【整理番号】64甲合13号、【外題】「現図麗気記十三　第六十四合」、【内題】「現図麗気記」、【尾題】巻末貼紙「現図麗気記十三」、【法量】縦二九・二糎、横（表紙）一九・七糎、（本紙）一四八・〇糎〔四紙〕（45・6、45・1、46・0、11・3）、【料紙】黄紙、【界線】墨界（二重）、界高二一・五糎（1・4＋20・1）、界幅二・二糎、【表紙】楮紙　縦二九・二糎、横二一・〇糎、【文体】漢文体、訓なし、【印記】（1）に同じ。

(14) 仏法神道麗気記　写本　巻子装　一巻

【整理番号】64甲合14号、【外題】「仏法神道麗気記十四　第六十四合」、【内題】「仏法神道麗気記」、【尾題】なし、【法量】

縦二九・一糎、横（表紙）一九・七糎、（本紙）四一七・六糎〔一一紙〕（39・9、40・3、40・4、40・5、40・4、40・4、40・4、40・4、40・3、40・1、14・5）、【料紙】黄紙、【界線】墨界（二重）、界高二一・五糎（1・3＋20・2）、界幅二・二糎、【表紙】楮紙　縦二九・二糎、横一九・七糎、【文体】漢文体、訓なし、【印記】（1）に同じ。

（15）天地麗気記　写本　巻子装　一巻

【整理番号】64甲合4—2号、【端裏外題】「天地麗気記天地麗気記　麗気記十四巻之中ノ四巻也　第六十四合」、【内題】「天地麗気記」、【尾題】「天地麗気記」、【法量】縦二八・〇糎、横三七五・〇糎〔九紙〕（31・1、45・7、45・7、45・3、45・0、45・5、45・5、45・0、26・2＋補紙）、【料紙】楮紙打紙、【界線】墨界（二重）、界高二〇・九糎（1・3＋20・2）、界幅二・三糎、【表紙】なし、【文体】漢文体、訓点（朱・墨）、【印記】（1）に同じ。

（16）三界表麗気記　写本　巻子装　一巻

【整理番号】64甲合12—2号、【端裏外題】「三界表麗気記　第六十四合」、【内題】「三界表麗気記」、【尾題】なし、【法量】縦二八・二糎、横二二三・八糎〔五紙〕（44・3、44・9、44・7、45・0、44・9）、【料紙】楮紙打紙、【界線】墨界（二重）、界高二一・三糎（1・4＋19・9）、界幅二・三糎、【表紙】なし、【文体】漢文体、訓点、【印記】（1）に同じ。

（17）万鏡霊瑞記　写本　粘葉装　一帖

【整理番号】64合（甲）33、【外題】「万鏡霊瑞記 此霊気記之第九也巻末之題号万鏡霊瑞霊気記有之」、（表紙外題右に朱書〔同筆〕）「次五十鈴河霊（上に墨書して「麗」と重ね書き）気記　次心柱麗気記　次神梵語麗気記　次二所大神宮麗気記／次現図麗気記　以上合本」、（表紙中央）「[梵字]」（da）、（表紙右下）「第六十四合」【内題】「万鏡本縁神霊瑞器記」、【法量】縦二三・二糎、横一六・二糎、【料紙】楮紙打紙、【丁数】四〇〔二一紙〕、【界線】（押界）界高一八・二糎　界幅一・六糎。【構成】a「万鏡本縁神霊瑞器記」1オ～5ウ（一紙～三紙）、丁付「初丁～三丁」、b「五十鈴河鎮座次第麗気記」（「五十鈴河」見せ消ち）6オ

～15ウ（四紙～八紙）、丁付「五十鈴河　一～五」、c「心柱麗気記」16オ～21ウ（九紙～一一紙）、丁付「心柱　初丁～三丁」、d「神梵語麗気記」22オ～29ウ（一二紙～一五紙）、丁付「神梵語　初丁～四丁」、e「二所大神宮麗気記」30オ～37ウ（一六紙～一九紙）、丁付「二所　初丁～四丁」、f「現図麗気記」38オ～40ウ（二〇紙～二一紙）、丁付「現図　初丁～二丁」

（1）～（16）の解説が【A】、（17）は【B】に当たる。【A】の一六巻は全て巻子本である。このうち（1）～（14）と（15）（16）とは紙質を異にした別本である。前者は楮紙を黄蘗で染めた黄紙、後者は楮の打紙である（昭和初年調査では、前者を楮紙、後者を斐紙としている）。【A】の文中「別に天地麗気記・三界表麗気記各一本あり、一四巻と紙質筆跡を異にし、鎌倉時代末期書写にかゝる」とあるのは、このことを指している。昭和初年の調査では、（1）～（14）を南北朝時代（「皇家中興時代」）、（15）（16）を鎌倉末期の書写と見たようである。いっぽう【B】は、形態が粘葉装であって他本と全く違うから、これを室町中期の写本と判断している。つまり、真福寺には三種の『麗気記』写本が蔵されるとしたのである。

ところが、今回これらを比較して見たところ、何れも同一人の手になるもので、書写年次も鎌倉末～南北朝期と見て差し支えないと判定した。では、この三種の『麗気記』は如何なる関係にあるのだろうか。（1）～（14）と（15）（16）とは、紙質のほかにも違いがある。まず、（1）～（14）には本紙とは別紙（楮紙）に表紙が付され、そこに外題が書かれている。それに対して、（15）（16）は本紙第一紙目の端裏に外題が書かれているのである。次いで、より重要な違いとして、前者は全て白文であるのに対し、後者の多くには訓点が施されていることである。（15）「天地麗気記」は全文に振り仮名・送り仮名・連読符が付されている。各行の字配りは（4）「天地麗気記」とは若干違うが、これは訓点を施したことによると考えられる。いっぽう（16）「三界表麗気記」には訓点はなく、本文自体は（12）「三界表麗気記」と同じだが、字配りは一部相違する。（17）は、他と本の形態は違うが、これも他と同筆である。振り仮名・送り仮名・返り点が施されるが、全文に亙って振られておらず精粗が著しい。外題は「万鏡霊瑞記」とあるが、本文は「万鏡本縁」、「豊受大神鎮座次第」、「心柱」、「神梵語」、「二所大神宮」、「現図」から成る。各巻は料紙を別にして丁付も各々に付されている。「天地」「三界表」の除く残りの巻はないが、少なくとも「神形注」は敢えて書写されなかったことは、「現図」二紙目の丁付下部に「私云神形注無点ナルカ故不書之」とあることから分かる。

（1）～（14）と、（15）（16）、そして（17）の関係であるが、以下のように推察する。すなわち、（1）～（14）は伝授のための正本であり、（15）～（17）はその副本だったのだろうということである。『麗気記』は伝授儀礼（灌頂）を伴って、相承されるテクストである。正本は灌頂作法の際に使われたもので、いっぽう、訓点を付した副本は実際に読むための本だったと考えられる。『麗気記』の特徴のひとつが、その訓点、特に振り仮名である。これらの多くが特殊な訓み方をしており、まさに『麗気記』の秘事に属する部分である。伝授に当たり受者は秘訓の書写が許されたのである。読解用の副本であったから、巻によって形態を異にしても問題なかったのあろう。不足の巻の存在や訓点に精粗が見られるのは、許されなかったのか、あるいは時間的な制約があったからかも知れない。

二、『神体図』について

『善本目録』には『神体図記』『神体図』として次のように記載されている。

神体図記　　二巻

縦九寸六分　全長一丈七尺三寸・五尺五分

皇家中興時代写本、巻子本、表題に「神体図記一巻」、「神体図記四巻」とあり、二及び三なし。図のみにして本文なし。

神体図　　一巻

縦九寸二分　全長八尺七寸三分

皇家中興時代写本、巻子本、神体を儀軌風に図示せるもの。

以上のように『麗気記』とは別の本として、『善本目録』には着録されているが、実はこれらは『麗気記』の図巻に相当し、且つ後述するように、正本と一具を成すものである。但し、これらを『麗気記』とは別と見なしたのは、昭和の調査が初めてではない。天正ころの真福寺聖教目録とされている『大須経蔵目録』（真福寺善本叢刊『真福寺古目録集』所収）にも既に、「一　麗気記　　十四巻」（35ウ）、「神体図記　不具　　三巻」（36オ）と、別々に着録されており、早い段階から『麗気記』とは切り離されてしまっていたようである。また、昭和の調査では『神体図記』二巻と『神体図』一巻として別の本として扱われているが、本来三巻で相伝されていたことも、『大須目録』から確認できる。

さて、以下に書誌を記す。

（1）神体図記①　写本　巻子装　一巻

【整理番号】64甲合1号―1、**【外題】**「神体図記　一会　　第六十四合」、**【内題】**なし、**【法量】**縦二八・七糎、横（表紙）二〇・五糎、（本紙）五〇三・六糎（一三紙）（39・0、42・0、40・1、40・4、40・2、40・3、40・3、28・8、51・4、40・3、40・3、38・2、22・3）、**【料紙】**黄紙、**【界線】**　墨界（二重）、界高二一・八糎（1・8＋20・0）、界幅二・二糎、界線は裏面、

【印記】〔巻頭〕「尾張国大須宝生院経蔵図書寺社官府点検之印」（同前）、〔縫印〕「寺社官府点検印」（同前）【備考】宝剣図の地大（四角）の龍図の裏面に「私云下ヘ向タルヲ上向ニ書アヤマリナリ。後直之」と裏書きする。

（2）神体図記②　写本　巻子装　一巻

【整理番号】64甲合1号―2、【外題】「神体図記　四会　第六十四合」、【内題】なし【尾題】「神体図記四」（巻末貼紙）、【法量】縦二八・八糎、横（表紙）一九・〇糎、（本紙）一三四・二糎〔三紙〕（45・4、45・6、43・2）、【料紙】黄紙、

（3）神体図　写本　巻子装　一巻

【整理番号】65甲合21号、【外題】「神体図　第六十四合」、【内題】なし、【法量】縦二九・一糎、横二六〇・〇糎〔六紙〕（47・0、46・6、27・4、46・8、46・5、46・6）【料紙】黄紙、【印記】（1）に同じ。

以上三本の料紙は、『麗気記』正本と同じ黄紙であり、一紙の寸法もほぼ一致している。従ってこれらが正本と一具のものである可能性が高い。ただ、問題は『麗気記』の図巻は通常四巻であるのに対し、これらが三巻のみであることである。『善本目録』にも指摘があったように、（1）（2）の端裏外題（原態）には「神体図記　一巻（会）」「神体図記　四巻（会）」とあり、これよりすれば失われた二・三巻があったことになる。中世の『大須目録』に「不具」とあったのも同様に認識に基く。

『麗気記』の図様については、鈴木英之の詳論があるので、それを参考に三巻の図様の内容を示すと以下の通りである（呼称は他本に記載されているもので、真福寺本自体にはない）。

（1）宝剣、箱、独鈷、内守護八天・馬鳴菩薩・四天女・外八天

（2）星光宝珠・胎金二珠、三弁宝珠、三剣
（3）三種神宝、八葉九尊円鏡・四羯摩円鏡、内神・外神、四天女・尊形・四天女、九尊三形曼荼羅円鏡

現流本と比較すると、その図様全てがこの中に収まっているのである。従って、先学が想定するような失われた二巻があった可能性は低い（ただ、外題の表記の問題は残る）。

寧ろここで指摘しておきたいのは、宝剣・箱・独鈷図についてである。『麗気記』はその伝授をめぐって麗気灌頂という作法を行うが、これらの図柄はそのときに掲げる本尊図と同一なのである（箱は内侍所〔鏡〕、独鈷は神璽を表す）。三図は、現流書本のうち神宮文庫（荒木田守晨書写）本等、少数の伝本にのみ見えるもので、多くは掲載されない。最古の写本のひとつと目される真福寺本にこの図が収められていることは、灌頂作法が『麗気記』というテクストが成立した当初から存在していたことを示すのである。

三、書写年代と伝来

最後に、これら二種類の真福寺本『麗気記』諸巻の書写時期及び真福寺伝来について検討しておく。その経緯を明かす史料と目されるのが、同じく真福寺所蔵で、曾て真福寺善本叢刊〈第一期〉『両部神道集』（一九九九）に収められた『二所皇大神宮麗気秘密灌頂印信』である。これは文和二年（一三五三）五月二一日、儀海より宥恵に伝授された麗気灌頂の印信である。儀海は中性院流の僧で、根来寺に学び、後に関東に下って武蔵国高幡不動を中心に活躍した。宥恵は真福寺開山能信の弟子で、観応三年（一三五二）から文和四年にかけて高幡不動に滞在し、多くの聖教の書写を行い、それを真福寺に持ち

帰っている。

真福寺本『麗気記』には、伝授に関わる人名等の記載は一切なく、この印信と直接関係があるかは確定が難しい。印信本文のうち、末尾の「伝授阿闍梨法印大和尚位儀海」の署名のみ別筆で、これは儀海の直筆と思しい。そのほかの本文部分だが、これは宥恵の手であろう。筆跡を『麗気記』と比較してみると、両者は極めて近く同筆と判断してよいと考えられる。もし、この推定が正しければ、真福寺本『麗気記』諸巻は、高幡不動にて伝授作法を経て宥恵によって書写され、真福寺にもたらされたことになる。

【参考文献】

真福寺善本叢刊『両部神道集』（臨川書店、一九九九年）
神仏習合研究会『校注解説・現代語訳　麗気記』（法蔵館、二〇〇一年）
鈴木英之『中世学僧と神道―了誉聖冏の学問と思想』（勉誠出版、二〇一二年）

『釼図』解題

鈴木英之

『釼図』（64甲合-20号）は、写本。巻子。一軸。無軸。楮紙墨書。法量は、縦二八・一糎。四四・七糎～四五・二糎の七紙を継いで、全長三一五糎。界線なし。端裏外題は「釼図」。外題下に「第六拾五合」と墨書。書き込みなし。

『釼図』は、三種神宝を密教教理によって解釈し、図像化したものである。真福寺本は、外題こそ『釼図』だが、特異な形状の「法釼」に加えて、六角形の「梵筐」（内侍所）、密教法具の独股杵に鬼の顔がついた「鬼面独古」（神璽）が描かれており、三種神宝すべてを収載した粉本（図像を描く際の手本）としての役割を持つ。

三種神宝図は、もともと『麗気記』に収載される「神体図」のひとつであり、『神体図記一』（64甲合1-1）の巻頭にも同図が認められる。『神体図記一』は『麗気記』正本と同じ黄楮紙に描かれていることから、『神体図記一』が正本、楮紙に描かれた『釼図』が副本にあたると考えられる（正本・副本の関係、神体図の構成については、本書『麗気記』解題参照）。『釼図』は『神体図記一』を細部に至るまで正確に写していることから、伝来は記されていないが、観応元年（一三五〇）に儀海から宥恵に『麗気記』が伝授された際にまとめて作成されたものと推測される。

『麗気記』「現図麗気記」には、法釼と鬼面独古についての記述がある。[1] 法釼は、その名を「一柄三霊天叢雲剣」といい、第六天魔王から受持されてきた三つ叉の戟（げき）を有する利剣とされる。三峯・六蛇・三握をもち、釼体には五大を象った紋様（団・半円・三角・円・四角）があり、その中には六龍神が描かれる。握にある二輪は大自在天の両眼であり、地大の空から六蛇を出し、互いの尾に噛みつくことで柄にある六輪を成しているという。また鬼面独古は天瓊杵玉と同一とされる。これら図像を前に記したとおぼしき詳細な描写からは、法釼図が『麗気記』成立当初から一具のものとして存在していたことが窺える。[2]

また三種神宝図は、神道灌頂の本尊として用いられた。真福寺には、灌頂儀礼における道場の見取り図である『神道灌頂指図』（65甲合-6）が残されており、神道灌頂が実際に行われていた可能性がある。ただし本指図では、図像ではなく鏡が本尊として用いられており、本尊の形状にもヴァリエーションがあったことがわかる。

『麗気記』本文中に内侍所（筐）についての記述はない。だが、応永年間に活動した天台僧・良遍が「独古ハ神璽、箱ハ内侍所、剱ハ宝剱也」（『神代巻私見聞』）、「当巻ノ剱ト独古トノ中間ナルハ三種神体入タル箱也」（『麗気記聞書』）と述べているように、中世では、法釼の下にある六角形の「箱」に内侍所が入っていると考えられていた。近世になると、箱が内侍所であるとの伝承が忘れ去られ、内侍所図が消失したと判断し、新たに内侍所図を創り出して追加する作例もあらわれた。それ故に『麗気記』に由来しない内侍所図をもつ作例は、基本的に近世の成立と考えてよい。[3]

後述の『宝釼図注』『法釼図聞書』でも、内侍所は「辛櫃・梵筐」とされており、中世の言説を承けていることがわかる。ただし神璽を鬼面独古ではなく「宝珠」とするなどの異説も認められ、三種神宝のイメージは一定していない。また『釼図』をはじめとする『麗気記』神体図には書き込みが殆どなく、たとえ同じ図像であっても依拠した資料によって解釈が異なるため、その性格を慎重に判断することが必要になる。三種神宝図の作例は比較的多いが、南北朝期の古形をあらわす真福寺本は、三種神宝図の展開を考える上でも貴重な作例といえよう。

（1）『麗気記』「現図麗気記」（神道大系『真言神道（上）』、八一頁）。

（2）法釼を含む三種神宝図については、鈴木英之『中世学僧と神道――了誉聖冏の学問と思想』（勉誠出版、二〇一二）、ルチア・ドルチェ「大英博物館の三種の神器図―神仏習合美術と十九世紀イギリスにおける日本的シンクレティズム理解―」（ルチア・ドルチェ・三橋正編『「神仏習合」再考』、勉誠出版、二〇一三）、伊藤聡「本尊図」（阿部泰郎編『仁和寺資料【神道篇】神道灌頂印信』、『名古屋大学比較人文学研究年報』二、名古屋大学文学部比較人文学研究室、二〇〇〇）など参照。

（3）近世の内侍所図のヴァリエーションについては、注2前掲ルチア・ドルチェ論文に詳しい。なお『麗気記』所収の神体図を組み合わせて内侍所とする例もある。「内侍所」（宝山寺所蔵、大御輪寺旧蔵本）、「内侍所本尊」（長谷寺所蔵本）など参照（元興寺文化財研究所編『神道潅頂』、同研究所、一九九九）。

『宝釼図注』・『法釼図聞書』解題

鈴木英之

『宝釼図注』と『法釼図聞書』は、三種神宝の法釼（宝釼）と梵筐についての注釈書で、南北朝期の成立と推測される。

『宝釼図注』（64甲合-20）は、写本。巻子本一軸。無軸。楮紙。無界。墨書。端裏外題は「宝釼図注　第六十四合」。内題なし。縦二五・五糎。横四〇・八糎〜四一・八糎の四紙を継いで全長一六六・七糎。尾張の澄毫阿闍梨の請により執筆されたものというが、編者は未詳。図像は描かれていない。真福寺蔵の『麗気記』とも手が似ており、あるいは同時期の書写と推測される。(1)

『法釼図聞書』（54合-129号）は、写本。折紙。楮紙。無界。墨書。二紙紙継ぎ。縦三三・一糎、横四九・八糎。界線なし。外題は「法釼図聞書」（「聞書」は朱書）。内題は「法釼図聞書法宝通音」。裏書に「一此題目配三宝事」がある。『宝釼図注』とは別筆。法釼図の一本（「金剛峯寺大自在堅固根本法釼図」）を図と共に記し、それに対して「私云」として聞書の内容を記す。聞書といっても伝来に関する記載はなく、講者や筆録者、講述の時期などは判然としない。管見の限り、真福寺本のほかに類本を見出すことはできないが、天保九年（一八三八）成立の『弘法大師年譜』に『法釼図聞書』が引用され、解説が施されていることから、法釼をめぐる秘説が、ある程度の広まりをもって受け入れられていたものと推測される。なお『宝釼図注』と『法釼図聞書』は、記述の多くが共通しているため、両書をまとめて解説を行う。

両書の特色は、『麗気記』とは別の文脈で法釼を位置付け、図像解釈を行うことにある。法釼図の成立が『麗気記』と密接に関連しているにも関わらず、『麗気記』やその類書からの引用は全く認められない。特に『宝釼図注』では、『大日経疏』が大きく引用され、さらに『弁顕密二教論』『金剛頂瑜伽三十七尊出生義』といった密教典籍に基づく注釈が付されるなど、『麗気記』によらない、法釼の独特な位置づけを窺うことができる。(2)

『法釼図聞書』によれば、仏が成道する際には、必ずこの法釼を感得して悟りを得るという。また高野山の根本大塔を建立する際にも法釼が出現し、それを弘法大師が模写したのが『釼図』であるから、弘法大師の「御作」とするのかと推測している。他の箇所には「御筆本在之」とあり、また内題を「金剛峯寺大自在堅固根本法釼図」としていることからも、高野山ならびに弘法大師との関係を強く意識していることがわかる。ここに『麗気記』でいう「一柄三霊天叢雲剣」の面影はない。

法釼には銘文が複数あるとされる。「三股ノ橛」の下にあるという銘によれば、

方今此法釼図三股ノ橛ノ下ノ銘ニ云、久成古仏処持塔釼於鎮護ニ眼精也。仏法根本之首足。又云、毎三世諸仏成道此法釼従海中来。自七仏嫡持此方ヲ及予第十五代也。（『宝釼図注』※割注は省略した）

と、法釼は過去七仏の頃から諸仏が成道するたびに海中から出現し、「予」（弘法大師）に至るまで計十五回出現したという。(3)

法釼と過去七仏との関係については光宗編『渓嵐拾葉集』（一四世紀前）に見出すことができる。そこでは「七仏相承宝剣秘法」という過去七仏たちが代々受け継いできた宝剣にまつわる秘法が示され、「宝剣図」や、関連する口伝の存在が示唆される。この秘法は「高野大塔納之法」と同じとされ、高野大塔で弘法大師が感得した宝剣と過去七仏との関係に注目していることがわかる（大正七六・七九二頁中）。銘文は、真福寺本『釼図』や他の三種神宝図の作例には管見の限り認められな

いが、法釼に『麗気記』とは異なる新たな密教神話を加える役割を担っていたものと考えられる。

高野山根本大塔における法釼出現のモチーフは、基本的に弘法大師伝に依拠している。夙に康保二年（九六五）の年紀をもつ『金剛峯寺建立修業縁起』（以下『修行縁起』）には、宝剣出土の記事が認められる。すなわち、高野山金剛峯寺を建立するため地面を曳きならしていると、地下から「一宝劒」が掘り出された、その後天皇の叡覧があったが、高野山外護の明神の祟りがあったため、銅筒に入れて元の場所に安置したという（『弘法大師伝全集』一、五三頁下）。元永元年（一一一八）成立『高野大師御広伝』、仁平二年（一一五二）成立『弘法大師御伝』にも同様の記事が見られる。

『修行縁起』では、高野大塔とまで場所を限定していないが、栄然（一一七二～一二〇七）撰『師口』巻一では、虚空蔵求聞持法に関する口伝として、長さ七尺の剣が高野大塔を建立する際に出土したとある（大正七八、八四九頁上）。また『渓嵐拾葉集』の「高野大塔建立事」でも、地底の石櫃の中にあった鉄筐から、五匹の蛇が纏わりついた「五尺ノ釼」が掘り出されたという[4]（大正七六、七九二頁上）。法釼の「五尺」という寸法は、『法釼図聞書』と同様であり、法釼をめぐる共通認識のようなものがあったと推測される。

弘法大師伝においては、応永六年（一三九九）写『高野物語』第五で『修業縁起』の記述に根本大塔が結び付けられ、ほぼ同文が『弘法大師行状図画』（高野山・地蔵院本。南北朝期写）の「三鈷宝剣事」にも認められる。また『三国伝記』（十五世紀前成立）所引の弘法大師伝では、南天鉄塔を模した「一塔婆」建立の際に「宝劒」が掘り出されたとあり、根本大塔と法釼との関係が繰り返し説かれていることがわかる。

『弘法大師行状図画』や『三国伝記』では、宝劒の出土を根拠として、高野山を前仏すなわち釈迦仏が遊戯した伽藍や大塔の旧基としている。これは現実にある聖地（高野山）に、より根元的な仏教の聖地としてのイメージを重ね合わせる意図、さらには弘法大師が釈迦仏につづく存在＝仏に成ったことを示す意図があったと考えられる[5]。

先述の通り、『宝釼図注』『法釼図聞書』に『麗気記』からの引用はないが、神々に関する注釈も存在する。『宝釼図注』では、「右大日ノ法文ニ大日本風儀ヲ合ス」などとして、「神代十二代」（天神七代＋地神五代）を「十二部経」（経典を形式や内容によって十二に分類したもの）に配当したり、扶桑国・邪馬台・秋津洲など日本の国名について論じたり、また「飛日輪一破暗之天照之遍照、揮金剛摧迷ヲ一之金剛号」のように、『弁顕密二教論』「飛二日輪一而破レ暗、揮二金剛一以摧レ迷」（大正七七・三七五頁中）に、「天照」の名を組み込んだ解釈などを行っている。

興味深いのが、法釼図と三種神宝との関連である。『宝釼図注』によれば「本朝三種宝物此釼ニ習有リ」として、

内侍所	神璽	宝釼
辛櫃 梵筺	宝珠 龍神	法名 宝音

と、法釼図と三種神宝との対応関係を掲げる。ここで留意すべきは、神璽を「宝珠・龍神」としていることである。『麗気記』「神体図」では、神璽は例外なく鬼面独古であり、真福寺本『釼図』でも鬼面独古が描かれている。しかし、『宝釼図注』では神璽が「宝珠・龍神」とされ、また『法釼図聞書』裏書にも同様の説が見られることから、念頭に置いていた三種神宝図が、『麗気記』のそれとは異なっていたことがわかる。

『法釼図聞書』では「私云」として、梵篋を東の胎蔵界に、宝釼（法釼）を金剛界（西）に配当して胎金両部をあらわす。(6)また「南者今暫宝珠義図之間為此也」と「南」に「宝珠」があるとの見解を示すが、「今ハ暫ク」（今は仮に）とあるように、釼図の左下に墨書される「南」の一字で宝珠の図像を省略している。『法釼図聞書』で示される「金剛峯寺大自在堅固根本法釼図」がもし実在するならば、法釼・梵筺に加えて龍神にまつわる宝珠が描かれていた可能性が高い。

法釼図が、いつ根本大塔より出土した法釼と結びつけられたのかは定かではない。だが『宝釼図注』『法釼図聞書』から

は、『鈫図』が、神道図像に留まらず、密教の神話世界の中にまで大きな広がりを有していることを窺い知ることができるのである。

（1）『宝剣図注』を真福寺開山能信自筆とする説もある（阿部泰郎「宝剱図注」解説。同監修『大須観音　いま開かれる、奇跡の文庫』、大須観音宝生院、二〇一二）。

（2）『宝鈫図注』『法鈫図聞書』は、『宝鈫図注』という外題と、それぞれ一つずつの計三例を除き、文中ではすべて「法鈫」と表記される。『法鈫図聞書』の題下にある「法宝通音」との注から、法・宝の両義を音で通じさせていることがわかるが、おおむね「法」と表記していることは、密教色が色濃い本書の性格にも通じよう。

（3）「十五代」とは『弘法大師年譜』所引の「古記」によれば、過去七仏と真言七祖に弘法大師を合わせた数とされる（『弘法大師伝全集』五、一四五頁上）。「古記」では、法鈫には「梵筐」があり『理趣経』が収められていたこと、弘法大師が土佐で虚空蔵求聞持法を修めた時に海中から法鈫が出現し、その後、高野大塔の下に奉納したことが述べられる。また冠注では「名霊集・遊方記所レ出銘文末レ知二典拠一。恐従二此等図銘一私作二為之一附会者乎」と、後世に作成・附会された銘文もあったことが指摘されている。そのとおり、『名霊集』『遊方記』には『宝鈫図注』『法鈫図聞書』にはない銘文が記されており、法鈫にまつわる新たな秘説の創造を窺うことができる。『野山名霊集』巻一「銘文云、釈迦如来転法地迦葉仏成道處中」（宝暦五年刊本）、『大師遊方記』巻三「銘曰、仏鎮之持法威是釈迦転法輪地標也」（善通寺本）参照。

（4）「高野大塔建立事」は『修業縁起』の話形を引き継ぐが、空海の感得ではなく、後世に根本大塔を修造した際の話として再構成されていることは、同説の流布を考える上でも興味深い。

（5）『金剛峯寺雑文』『東要記』『高野大師御広伝』などにも同様の表現が見られる。

（6）『法鈫図聞書』では、梵篋（東）が宝鈫（西）の右側（北）に描かれており、図像と方角が対応していない。だがこれはレイアウト上の問題であり、実際には『鈫図』と同じく宝鈫の下に梵篋がつづけられていたものと推測される。

『麗気血脈』解題

伊藤　聡

『麗気記』の伝授にまつわる印信である。まず書誌を述べる。

『麗気血脈』一通　写本　竪紙、**【整理番号】**61合200号、**【外題】**麗気血脈（朱書、本文と同筆）、**【内題】**なし、**【法量】**縦三二・三糎、横四七・九糎、**【料紙】**楮紙、**【印記】**（表）「尾張国大須宝生院経蔵図書寺社官府点検之印」（朱方印）、（裏）「寺社官府点検印」（朱丸印）、**【包紙】**「麗気血脉　第六十二合／二百」、**【備考】**（末尾端裏・別筆）「私云麗氣血脉ナリ」

全文を以下に示す（改行等、原本のまま）。

大日如来　金剛薩埵　龍猛菩薩
龍智菩薩　不空三蔵　恵果和尚
弘法大師　堅恵法師　聖宝僧正
観賢僧正　醍醐天皇　村上天皇
円融法皇　一条院　後一条院
性信二品親王　寛助大僧正　覚法二品親王
覚性二品親王　守覚二品親王　道法二品親王

道助二品親王　道深二品親王　法助准三后
性仁一品親王　頼位権少僧都　宏瑜権少僧都
鑁海大法師　儀海法印　宥恵律師
信瑜律師

儀海から宥恵に伝授された『麗気記』の相承を示す血脈である。大日如来に発して空海に至り（金剛智を除く真言八祖）、その後に土心水師と称された堅恵を介して、まず小野流の聖宝―観賢と続くが、そこから醍醐天皇に伝授、そして醍醐から後一条までの天皇に受け継がれたあと、歴代の仁和寺御室が続き、性仁（高雄御室）の後に頼位なる人物に伝授され、宏瑜―鑁海を経て儀海に至る。恐らく性仁までは仮託で、頼位当たりから実際の伝授が始まると考えられるが、現時点では多くが不明である。観賢から醍醐への相伝は、『麗気記』という本自体が醍醐天皇によって作られたとしていることによるのだろう。

本血脈は宥恵の後に「信瑜律師」で終わっている。信瑜とは真福寺二世だった人物で、能信が文和三年（一三五四）に死去した後、東大寺東南院より住持として迎えられた。宥恵は関東から『麗気記』諸巻及び関連の印信類を持って真福寺に戻り、新住持となった信瑜へと伝授したのである。

本書に影印を収めたのは右の血脈印信だが、同様の『麗気血脈』が新たに見出された。先と同じく竪紙写本で、【整理番号】61合198号、【外題】に「血脉」とあり、【料紙】は楮紙、【法量】は縦三一・四糎、横四九・〇糎。本文は以下の通りである。

大日如来　金剛薩埵　龍猛菩薩
龍智菩薩　不空三蔵　恵果和尚
弘法大師　真雅僧正　源仁僧都

聖宝僧正　観賢僧正　淳祐内供
元杲僧都　仁海僧正　成尊僧都
義範僧正　勝覚僧正　定海大僧正
元海僧正　実運僧都　勝賢僧正
守覚二品親王　道法二品親王　道助二品親王
道深二品親王　法助准三后　性仁一品親王
頼位権少僧都　宏瑜権少僧都　鑁海大法師
儀海法印　宥恵権律師　信瑜権律師

文和四年乙未十月廿七日房宿火曜
伝授阿闍梨権律師宥恵

先の血脈と相違するところに傍線を付した。前血脈が、小野流・天皇・広沢流（御流）に跨がる特異な相承だったの対し、これは三宝院の一流で、勝賢から守覚に伝授により始まった三宝院御流の血脈となっている。さらにこれには文和四年一〇月二七日に伝授されたことが明記されている。

以上ふたつの血脈の存在は、『麗気記』が密教と王権に跨がって相伝されたというテクストの主張を示すものといえよう。

【参考文献】

伊藤聡『中世天照大神信仰の研究』（法蔵館、二〇一一年）
櫛田良洪『真言密教成立過程の研究』（山喜房、一九六四年）

『麗気制作抄』解題

伊藤　聡

『麗気記』についての、現在知られる最も古い注釈書である。最初に書誌を記す。

『麗気制作抄』一冊　写本　袋綴

【整理番号】 64号乙―4、**【外題】**「麗気制作抄延喜作」（中央、原）、**【内題】**「麗気制作抄」、**【法量】** 縦二四・一糎、横一九・八糎、**【料紙】** 楮紙、**【丁数】** 一六、**【表紙】** 渋引（原装）、**【文体】** 漢文・漢字片仮名交り。**【印記】** 寺社奉行所点検方印・円印（初丁）、**【識語】** 表紙左肩「鹿米抄」（墨滅）、表紙左下・梵字（jaḥśūṃ）表紙右下「第六十四合」**【奥書】**（表紙見返、本文と同筆か）「康応元年己巳五月日書写之　寂舜／雖非其器於末代有深信智庶人者其時必為助筆／者也」

前半は『麗気記』及び神祇をめぐる一五の秘伝、後半は『麗気記』各巻についての注である。本文末尾に、

書本に云く、已上十八巻伝受し了んぬ。印信之れ在り。今此の麗気記は、金剛宝山記に依り、龍神の指南を以て、天皇御記すなり。若し制禁に背きて之を秘せざれば、神罰何ぞ之れ無からんや。尤も秘して之を恐るべしと云々。

とあり、麗気灌頂に伴って伝授される具書であることが分かる。奥書によれば、寂俊なる人物が康応元年（一三八九）に書写している。表紙の梵字jaḥśumは「寂俊」の音写と考えられるから、この奥書は書写識語であり、手沢者も寂俊だったことが確認できる。但し、彼が如何なる人物かは現時点では不明であり、真福寺本『麗気記』との関係もはっきりしない。

さて、内容について簡単に解説しておこう。冒頭の「延喜御門御作也」ではじまる箇所は、「天照皇大神鎮座次第」の末尾にある『麗気記』成立の由来の全文である（①）。続く②「同書汀事」は麗気灌頂の由来、③「麗気灌頂印信」は麗気灌頂に印明及び灌頂作法の次第、④「利剣本尊事」は麗気灌頂の本尊について、⑤「次御即位法事」は即位灌頂について、⑥「太祝詞事」は清浄偈ともよばれる太祝詞事（「白衆等各念　此時清浄偈　諸法如影像　清浄無假穢　取説不可得　皆従因業生」）の由来、⑦「法神言事」は太祝詞事に関連する「比具礼々々」偈について、⑧「三光事」は天竺・震旦・本朝の三国を日月星辰の三光に配当すること、⑨「登隅嶋事」は瑞柏（三角柏）と称する伊勢神宮への供物を盛る葉に関する秘伝、⑩「出雲十月神在月云事」は出雲国でのみ十月を「神在月」ということの由来、⑪「大仏殿事」は聖武天皇の大仏建立及び重源の再建をめぐる秘説、⑫「猿田彦神事」は天孫降臨のときの猿田彦に関する説、⑬「仏神異事」は神本仏迹説について、⑭「神璽事」は倭姫命が神璽を生み出したとする異説、⑮「天村雲命事」は『旧事本紀』に出てくる天村雲命について、である。以上に続く後半は『麗気記』の各巻について、秘訓や内容の注記等を載せるが、内容についての詳細は省略する。

本書と内容において密接に関係するのが、猿投神社蔵『神祇口伝鈔』及び富士市博物館蔵・東泉院旧蔵『太祝詞事』である（前者は錯簡があるが、両者は同じ本と思しい）。前半の秘伝の複数が重なる（②〜⑧、⑬）。記述は『制作抄』の方が簡略なことが多く、『制作抄』はこれを参照している可能性が高い。

本書の伝本としては、静嘉堂文庫に、真福寺本の転写本がある（『神祇秘記』『日本記三輪流』『唯受一流血脈』『瑞柏伝記』『石窟本縁』と合冊）。神道大系『真言神道（上）』には『麗気制作抄』の翻刻が収められているが、それは静嘉堂本を底本としている（同翻刻の奥書部分「一校了」以下は『石窟本縁』の奥書の竄入であり、注意を要する）。

【参考文献】

伊藤聡「神祇口決鈔　解題」（豊田市遺跡調査会編『猿投神社聖教典籍目録〔豊田史料叢書〕』豊田市教育委員会、二〇〇五年）
同「東泉院本『太祝詞』について―影印・翻刻と解題」（六所家総合調査だより特別号②『東泉院の神道資料』富士市立博物館、二〇一八年）

※梵字の読みについて、高野山大学大学院の木下智雄氏の示教を受けた。心より感謝申し上げる。

＊本書刊行に際しては、北野山真福寺宝生院（大須観音）に多大なるご協力を賜りました。謹んで御礼申し上げます。
＊本叢刊には、科学研究費基盤研究（S）「宗教テクスト遺産の探査と綜合的研究――人文学アーカイヴス・ネットワークの構築」課題番号26220401の研究成果が用いられています。
（臨川書店編集部）

＊本書はJCOPY等への委託出版物ではありません。
本書からの複写を希望される場合は、必ず当社編集部
版権担当者までご連絡下さい。

真福寺善本叢刊〈第三期〉神道篇
第二巻　麗気記

二〇一九年三月三十一日　初版発行

監修者　名古屋大学人類文化遺産テクスト学研究センター
編者　伊藤聡
発行者　片岡敦
印刷製本　亜細亜印刷株式会社

発行所　株式会社　臨川書店
606-8204　京都市左京区田中下柳町八番地
電話(〇七五)七二一-七一一一
郵便振替　〇一〇七〇-二-八〇〇

落丁本・乱丁本はお取替えいたします
定価は函に表示してあります

ISBN978-4-653-04472-7　C3314　〔セット　ISBN978-4-653-04470-3〕

真福寺善本叢刊〈第三期〉神道篇　全４巻

名古屋大学人類文化遺産テクスト学研究センター 監修

岡田莊司・伊藤聡・阿部泰郎・大東敬明 編

■四六判・上製・平均500頁　予価各巻本体 24,000円

真福寺（大須観音）は、仏教典籍と共に、鎌倉・南北朝時代に書写された数多くの中世神道資料が所蔵されており、研究上比類ない価値を持つ。先の『真福寺善本叢刊』以降に発見された写本をはじめとして構成される本叢刊は、中世神道研究のみならず、日本中世の宗教思想・信仰文化の解明にとって多大な貢献をなすものと期待される。

〈詳細は内容見本をご請求ください〉

《各巻詳細》

第１巻　神道古典（岡田莊司 編）
大神宮諸雑事記・諸道勘文〔長寛勘文〕・神祇講式・御遷宮宮飾行事・天都宮事太祝詞・天津祝詞

＊**第２巻　麗気記**（伊藤聡 編）　本体 24,000円
麗気記〔正本〕・神体図・麗気記〔副本〕・鈔図・宝鈔図注・法鈔図聞書・麗気血脈・麗気制作抄

第３巻　御流神道（伊藤聡 編）
神祇秘記・御流神道父母代灌頂・御流神道内堂儀式・神道遷宮次第・神祇灌頂大事
神道灌頂指図・神道曼荼羅・神道印信類・神道口決類

第４巻　神道集、諸大事 その他（阿部泰郎・大東敬明 編）
諸大事・神一徳義抄・神道集・諸大事〔國學院大 宮地直一コレクション〕・大神宮本地事

（収録内容は変更になる場合があります）
ISBN978-4-653-04470-3〔19/3～〕

〈＊印は既刊〉

「法鈔図聞書」（第２巻収録）